イギリス帝国からみる環境史

イギリス帝国からみる環境史

――インド支配と森林保護――

水 野 祥 子 著

〔岩波アカデミック叢書〕

岩 波 書 店

目　次

第一章　帝国からみる環境史

一　環境史と帝国

「二一世紀は環境の世紀である」。そういわれるまでに環境問題への関心が高まり、さまざまな学問分野で人間社会と環境との関わり方が問われるようになってきた。歴史学においても、現在の私たちが直面している環境問題を根本的に捉え、打開していくためには、この問題を歴史的に把握する作業を深めていかなければならないという認識から、(1)環境史という分野に関心が寄せられるようになっている。(2)

本書では、環境問題をグローバル化させる要因となった近代ヨーロッパの帝国の拡大に焦点を当てる。なかでも最大のイギリス帝国を対象として、一九世紀後半から二〇世紀前半にかけて環境問題がどのように認識され、いかなる対策がとられてきたのかを考察していく。さらに、当時の環境認識や環境保護のシステムが、今日の社会に残した影響についても視野に入れて論じていきたい。

人間社会と環境との相互影響を問う歴史研究が「環境史」として確立しはじめたのは、環境が主要な社会的・政治的問題として浮上した一九七〇年頃のことである。当初、最も研究が盛んであったのはアメリカ合衆国であった。それは、アメリカ環境史学会が、一九七六年に初めて『環境評論（*Environmental Review*）』(3)という専門誌を発行したことからも明らかである。アメリカの環境史の先駆者と評されるロデリック・ナッシュやドナルド・ウォースターの問題関心は、アメリカ人の環境認識の変化と環境保護主義の起源を明らかにすることにあった。かれらは、ジョン・ミューア、H・D・ソローらが提唱した一九世紀末の環境保護思想、つまり、西部の開発によって消えていく手つかずの自然(wilderness)の保存が、今日の環境保護主義の起源であると捉えた。[4]

続いてヨーロッパでも環境史への関心が高まったが、その多くは、アメリカと同様に自然観の変遷や環境保護の起源を問題としており、工業化、都市化への批判とロマン主義的自然観の広がりによって環境保護主義が展開したと説明してきた。[5] こうした議論の特徴は、環境そのものや環境に対する意識の変化を一国史のコンテクストのなかで考察する点にあった。

しかし、一九八〇年代になると、環境史とは、従来のナショナル・ヒストリーという枠組みを越えるダイナミクスをもつべきものであると主張する研究者が現れはじめた。かれらが国家に代わる枠組みとして注目したのは、帝国であった。一九八六年、アルフレッド・クロスビーは、ヨーロッパ人が「ネオ・ヨーロッパ[6]」の植民地化に成功した理由として生態学的要因を挙げた。つまり、土着の植物相と動物相は高い割合でヨーロッパ産の動植物に駆逐され、ヨーロッパ人が持ち込んだ疫病の流行によって、先住民人口が激減し、ヨーロッパ人の子孫が人口の大多数を占めるに至ったと説明したのである。[7] 「エコロジー」と「帝国主義」との関連という視点を環境史のなかに持ち込んだ彼の研究は、多くの議論をよび、批判もあびたが、一国史という枠組みを越える環境史の契機となったとして評価されている。

一九九〇年以降、非ヨーロッパ世界への関心は、ますます強まっていった。一九九五年、イギリスの環境史専門誌『環境と歴史(*Environment and History*)』誌の初刊の冒頭で、主幹のリチャード・グロウヴは次のように述べている。

環境史の中心は、急速に非ヨーロッパ世界に移りつつあるように思える。学会の関心は、次第にアフリカ、アジア、オーストラリアや太平洋諸国に向けられるようになっている。これらの地域では、北アメリカやヨーロッパに比べて、植民地主義の影響が、環境史のなかでより切実な関心事となってきている。[8]

彼が指摘するように、最近では、非ヨーロッパ世界を対象とした環境史が、環境史全体のなかで中心的な位置を占めつつある。こうした研究では、非ヨーロッパ世界の植民地化をグローバルな環境変化の要因として重視している。一六世紀以降、ヨーロッパ世界の拡大は、環境変化を地球規模で加速する働きをした。いいかえれば、地球規模の環境変化は、帝国の発展過程と密接に関わっている。それゆえ、今日ますます多くの歴史家が、環境と帝国との関連を問題とするようになってきた。イギリスや他のヨーロッパの帝国を分析の場にした環境史が、どの程度、国家や地域という枠組みを越えるプロセスに役立つのか、あるいは単に範囲を広げたにとどまり、分析上より多くの困難をもたらしただけなのか、という問題はある。しかし、ジョン・マッケンジーがいうように、これまでのところ、試みは成功しているように見える。帝国の環境史は、一国史の枠組みを越え、環境に関する研究をグローバル化するのに役立ってきたといえるであろう。[9] 二〇〇〇年以降、グローバル・ヒストリーとしての環境史を構築しようという動きが、一つの流れを形成しつつあるのは確かである。[10]

環境史には大きく分けて、過去の環境変化のプロセスを復元し、変化をもたらした要因を究明することを目的とするものと、そうした環境変化を人々はどのように受け止め、対応したのかを明らかにすることを目的とするものがある。[11] 本書では後者に重点をおき、環境保護主義(environmentalism)の展開を追っていく。広義の環境保護主義とは、環境変化を「悪化」とみなし、それに対する危機感から生じた、自然環境の保護を目的とする思想と制度の総体を指す。[12] 環境保護主義において最も重視されるのは、人間と自然との相関関係である。このとき、誰が「人間」や「自然」を規定するかで、環境保護主義の特質や意義は異なってくる。[13]

はじめに環境保護主義の起源として研究の対象となったのは、世紀転換期の欧米で始まった環境保護活動であった。アメリカやイギリス、ドイツなどでは、都市に居住する知識人や専門職など社会の中・上層部を中心に結成された民間のヴォランタリー・ソサエティの主導の下で、景勝地や歴史的景観が保存された。かれらにとって守るべき自然環境とは、近代以前からの自国の自然の特徴を残す場所、つまり、ナショナル・アイデンティティの象徴であった。ここに見られるのは、普遍的な自然への関心というよりは、故郷や自国の、いわば身近な自然への愛着であった(14)。

他方で、一九九〇年代から、インドやアフリカなどヨーロッパの植民地となった地域で展開した環境保護主義の研究が急増しており、その研究の蓄積は、欧米を対象とした研究を凌駕するほどの勢いであるといえよう。これから見ていくように、本国とほぼ同時期に成立した植民地の環境保護主義(colonial environmentalism)の担い手となったのは、植民地に赴いたヨーロッパ人の科学者・官僚であった。かれらが規定した「自然」や、それを守るための原理は、ヨーロッパ本国で展開した環境保護主義とは異なる性質をもっていた。かれらが自然環境の悪化として最も危機感を抱いたのは、森林破壊であった。森林破壊の進行は、資源を枯渇させるばかりでなく、洪水や旱魃といった自然災害を増加させ、人間社会へ破滅的影響をもたらすと論じられたのである。こうした主張は、一九世紀後半から次第に植民地の土地政策に反映されるようになり、森林保護が制度として確立していく。本書では、この植民地における環境保護主義の成立を通して、ヨーロッパの環境保護主義の新たな側面を明らかにしていきたい。

二　イギリス帝国における森林保護の歴史

本書で考察する一九世紀後半から二〇世紀前半までの植民地の環境保護主義の主目的とは、木や土壌、水、野生の動植物といった基本的な資源を「科学的」に保全(conservation)することにあったといえよう。この時期に森林保護が環境保護主義の主軸となったのは、木材や燃料などの森林資源を産出する場であったからである。また、森林には、気候や水収支、土壌の肥沃度を安定させ、土壌浸食や洪水を防ぐ機能があるとみなされていたからである。さらに、森林は、水や土壌といった木材以外の重要な資源を保全する役割を果たすばかりでなく、調和の保たれた自然の象徴でもあった[15]。

こうした森林保護をめぐる議論は、今日までの環境保護主義の展開に大きな影響を与えてきたと考えられる。第一に、今日の環境保護主義にとって重要なファクターの一つである「持続的な開発(sustainable development)」は、林学の根本原理の一つである「持続的な産出(sustainable yield)」から発展したとされている。第二に、森林枯渇と土壌浸食や水源の枯渇との関連、また森林が気候全体に及ぼす影響は、今日広く論じられているが、これは後述する「乾燥化理論」から展開してきたものである。

一九九〇年代からイギリス帝国における林学・森林政策の研究は、環境史のなかで最も活発に議論されている分野の一つとなったといっても過言ではない[16]。イギリス帝国では、森林政策とその基盤となる林学は、まずインドで確立した。その後、イギリス帝国各地のみならず世界中に多かれ少なかれ影響を与えたため、英領インドの森林史は特に注目を集めている。イギリス帝国のなかで、林学がインドではじめて確立したこと、その際に、フランスやドイツの林学が影響を与えたことについては、ほとんどの歴史家が同意している。一九世紀末から二〇世紀初めにかけて、インドの森林政策は本国イギリスや、アフリカ、オーストラレイジア、西インド諸島、インド洋諸島の植民地に次々に広がっていった。

インドをはじめ植民地の環境史では、植民地支配が環境に及ぼしたインパクトが問われてきた。農地化の過程でいかに森林が破壊されたか、さらに森林政策によって現地の環境と人間社会がどのような影響を受けたのかという問題に関心が寄せられている。またこの問題に関連して、植民地の森林管理官が提唱した環境保護主義が現地社会へもたらした影響をどう評価するかが、議論の的になっている。

インド環境史の先駆者とされるマーダヴ・ガドギルやラマチャンドラ・グハは、植民地支配以前には保たれていた生態系の調和や、自然保全的な現地社会のシステムが、天然資源を求めるヨーロッパ人によって破壊されたと主張している。かれらの見解では、インド森林局の主な方針は、「科学的」管理を口実に、現地住民による森林利用を制限し、森林からの歳入を最大限にしようとする植民地の政治・経済的動機と深く結びついていたと説明している。[17]

ローカルなコンテクストでは、植民地の環境保護主義は、さまざまな批判的解釈がなされてきた。例えば、アジャイ・スカリアは、植民地の環境保護主義は、「暴力」となりえたと指摘する。彼は、インド西部を対象に、植民地時代に確立した「近代」林学によって、森林で生活していた現地住民の社会的、経済的、政治的関係や習慣がどの程度変えられ、また被害を受けたかについて考察している。[18] V・K・サベルワルや吉住知文、佐藤仁らも同様に、植民地の環境保護主義は、地域住民と森林とのエコロジカルな関係を壊したと批判している。[19]

しかし、他方で、ガドギルやグハらの見方を「新伝統主義」として批判する声もでている。[20] こうした批判は、植民地時代以前の状態をあまりにも理想化しており、植民地時代の森林政策の及ぼしたインパクトを的確に評価できないという点を問題視した。村落共同体が保全的な森林利用を行っていたのか、森林政策が地域の状況を鑑みず、一方的に押し付けられたものなのか、などの問題が提起されている。[21]

近年では、アフリカの環境史からも、植民地の環境保護主義を「強制的なコンサベーション」と位置づけ、資源の効率的かつ持続的な産出という基本原理をヨーロッパから持ち込み、現地社会の伝統的な環境保護主義を破壊したとするステレオタイプな解釈は見直されるべきだという声があがっている。ヨーロッパ人＝加害者、現地人＝被害者という安易な二分法を批判し、もっと植民地社会の複雑な関係性や、森林政策に対する多様な反応を明らかにしていくべきだという指摘がなされているのである。[22] 従来の画一的な見方を捉え直し、植民地の環境保護主義のあり方を再構築する試みが始まっているといえよう。

このような植民地社会へのインパクトを測るローカルな研究が蓄積されている一方で、国家や地域という枠組みを越えるグローバルな視点を導入し、植民地間や、他の国々との間の相互影響に注目する研究もでてきている。ウィリアム・バイナートは、こうした研究を「グローバル・インペリアル・コンテクストによる研究[23]」と呼ぶが、こうした研究が現れた背景には、多かれ少なかれ、植民地で確立した環境保護主義が、今日のグローバルな環境保護主義にどうつながるのかという問題意識があると思われる。本書でいうグローバルな環境保護主義とは、特定の地域や国の自然を対象としたものではなく、地球規模の環境の悪化を人類全体の問題と受け止めるという環境認識と、こうしたグローバルな危機に取り組む国際的なシステムの形成を指す。

これまでに植民地の森林管理官の国際的なネットワークを分析し、異なる社会の環境保護主義の相互影響を指摘する研究が始まっているものの[24]、グローバルな環境保護主義の成立過程をダイレクトに論じる研究は、まだわずかしかない。そのなかでも、グロウヴやグレゴリー・バートンは、今日のグローバルな環境保護主義の起源は植民地にあると主張している。

従来、一九世紀後半から二〇世紀初めに西ヨーロッパや北アメリカで展開した環境保護活動やその思想的基盤となったロマン主義的自然観が、環境保護主義の起源を考える上で重要視されてきた。しかし、グロウヴは、代表的な著作『グリーン・インペリアリズム[25]』のなかで、一七世紀から一八六〇年の環境保護主義の展開を次のように説明している。ヨーロッパ人の植民地科学者たちは、モーリシャス、セント・ヘレナ、西インド諸島などの熱帯の島々を「楽園」と見なしていたが、種の絶滅や、森林破壊による気候の悪化などを経験、観察することによって、環境を守る必要性を認識しはじめた。かれらが植民地間、植民地と本国、あるいはそれ以外の地域との間で形成したネットワークを通じて、環境保護主義は広がっていった。一八〇〇年以前のかれらの試みは、ごく一部しか実を結ばなかった。しかし、一八四〇年以降、かれらの環境保護の試みがインドやケープ植民地に及ぶと、かれらは、急速な土地開発による長期間の代償が短期的な利益にまさるということを植民地当局に認識させるにいたったという。以上のことから、グローバルな環境保護主義の展開という観点から見れば、ヨーロッパの諸帝国の支配下にあった植民地の科学者が中心となって確立していった環境保護主義の方が、はるかに重要であるという見方を示している。

また、グロウヴは、イギリス帝国の森林保護政策は見せかけで、天然資源を組織的に搾取し、その結果、インドに資本主義を浸透させたにすぎないというガドギルやグハらに異議を唱え、植民地化以前の人間社会と環境との調和を壊した全ての責任は植民地時代の森林政策にあるという見方を批判した。さらに彼は、植民地における環境保護主義の発展は、現地の環境に対する信仰や習慣に負うところが大きいとも述べた。しかし、ヨーロッパ人の科学者たちが、どのように現地の思想や習慣を再構築したのか、その解釈がどのくらい妥当なものだったのかという疑問は残る。

グロウヴの議論から得るものは多いが、彼は科学者のイデオロギー的な側面を強調しすぎるあまり、森林政策が展開した経済的、政治的要因を軽視しているように思える。一九世紀末の四半世紀から第一次世界大戦までのいわゆる「帝国主義の時代」には、イギリス帝国内に本格的な森林政策が確立していくが、科学的ファクターよりも経済的、政治的、社会的意義が重要になったと考えられる。したがって、どの程度、森林管理官の環境保護主義が政策決定を左右したかを把握するためには、社会における森林管理官の位置づけや、かれらと植民地政府との関係を考察する必要がある。

一方、バートンは、アメリカの環境史のなかで環境保護の起源とされてきたソローやミューアの思想よりも、同時期に世界規模で共有された森林保護体制の意義を強調している。彼は、インドで確立した森林政策が一九―二〇世紀転換期にイギリス帝国内、さらにアメリカへ普及したことにより、グローバルな環境保護主義が形成されたのだといろ。しかし、彼の研究は森林保護という制度が地理的に拡大していくプロセスに限定されており、なぜ植民地の環境保護主義がグローバルな環境保護主義になっていったかについては議論していない[26]。グローバルな環境保護主義が生まれた理由を知るためには、制度面の発展ばかりでなく、森林管理官の環境認識の変化についても分析する必要がある。

三　植民地の環境保護主義の成立と普及

本書で植民地の環境保護主義の担い手として取り上げるのは、森林管理官という専門集団である。かれらは、ヨーロッパから赴任してきた植民地官僚であると同時に、科学者でもあった。植民地の森林管理官に注目するのは、植民地支配下で環境保護の必要性を訴え、政策に反映させるのにかれらの果たした役割が、きわめて重要だと思われるからである。

本書の前半では、一九世紀後半から第一次世界大戦までの英領インドにおける森林政策の展開を通して、植民地の環境保護主義の成立過程を明らかにすることを目的とする。そして後半では、大戦間期に植民地林学が帝国林学として再編される過程を検証することによって、植民地の環境保護主義がグローバルな環境保護主義の成立に与えた影響を考察する。

こうした植民地における環境保護主義の成立と普及の過程を次の三つの主要なテーマを通して検討していく。

(一)　環境保護に関する思想や制度を確立し、イギリス帝国全体に広めるのに、植民地インドの森林管理官が果たした役割

(二)　森林管理官の議論のなかで明らかとなる植民地の環境保護主義の特質

(三)　植民地の環境保護主義がグローバルな環境保護主義に及ぼしたインパクト

第一のテーマ、つまりインドの森林管理官が、イギリス帝国内に林学・森林政策を確立し、普及させるのに果たした役割については、第二章と第三章で論じる。このテーマは、帝国の科学史の分野で議論されてきた、植民地科学の発展過程をめぐる論争にも関わる。ルイス・パイエンソンは、本国の科学機関が、つねに科学の発展に指導的役割を果たしたと主張し、科学知識の普及は、本国から植民地へという一方通行的なものであったと見ている[27]。他方、パオロ・パラディーノ、マイケル・ウォーボーイズらによれば、科学に関する知識や技術は本国から植民地へ一方的に流れたのではなく、植民地の側も、本国の科学の発展に影響を与えたと考えられ、相互作用を考慮すべきだという見方が示されている[28]。本書では、林学の発展を例に、植民地科学者の果たした指導的な役割を示していく。

イギリス帝国のなかで最も早い時期から森林保護体制が確立したのは、植民地インドであった。インド森林局設立後、インドの森林管理官は、イギリスのさまざまな植民地において森林政策を確立するのに貢献した。ここでは、インド森林局を中心とするネットワークがイギリス帝国内に展開していく過程を検証し、林学・森林政策の確立と普及に果たした役割について論じていく。

植民地とは対照的に、第一次世界大戦が終わるまで、イギリスに林学・森林政策はほとんど発展していなかったと

いってよい。植民地と本国との科学者の間で行われた情報や意見のやりとりを分析すると、林学に関するかぎり、知識の流れは、圧倒的に、インドを中心とする植民地から本国イギリスに向かっていた。インドは、森林局の設立といった政策上のモデルをつくっただけでなく、イギリス帝国内に環境保護主義を普及させる上で、本国よりもはるかに重要な働きをしたのである。

インドの森林政策の確立に影響を与えたのは、イギリスではなく、大陸ヨーロッパの林学であった。本書では、インドをはじめとする植民地の森林管理官の教育システムや、ドイツ人、フランス人の森林管理官への登用を題材として、イギリスの植民地が大陸ヨーロッパにも開かれた空間であったことを示す。さらに、インドシナやアルジェリアなどのフランス植民地や、ドイツ領東アフリカ、また、アメリカ本土やアメリカ領フィリピンとインドとの相互影響についても言及し、林学をめぐって国や帝国という枠を越えた協力体制があったことを指摘する。

科学と帝国との関係については、一九八〇年代後半から盛んに研究されてきたが、両者の関係性については大きく二つの見方に分かれている。一つは、科学が帝国の政治的・経済的支配の重要な手段、いわば帝国の拡大の道具であったとするものである。しかし、こうした研究は、植民地科学が植民地支配を安定させ、ヨーロッパ人による現地人の支配を正当化し、拡大する世界経済に向けて現地の生産様式を一変させるのに寄与したという機能にのみ関心を払い、植民地社会の複雑な状況をほとんど無視してきたといってよいだろう(29)。

もう一つは、帝国支配を一枚岩的構造としてとらえることに批判的で、植民地の科学組織はかなり自律的に活動していたという見方である(30)。植民地科学史に関するこの研究動向は、帝国と環境との関係を問う研究にも大いに反映されている。グロウヴとラヴィ・ラジャンは、植民地の科学機関の自律性を指摘し、科学は単に帝国の受動的な道具というよりもむしろ、植民地社会における環境保護思想や政策を形成する上で、主導的な働きをしたと主張している(31)。

さらに、サベルワルとサトパル・サングワンは、植民地社会の複雑な状況をより正確に考慮し、科学機関と、植民地政府、現地人社会との関わりにもっと目を向けるべきであると唱えている。[32] 最近では、科学者は帝国間の政治的、経済的利害対立から完全に独立していたわけではないが、単なる帝国支配の道具でもなかったとする理解が一般的である。

一九世紀後半から二〇世紀初頭にかけてインド森林局で活躍したドイツ人森林管理官を分析対象としたウルリケ・キルヒベルガーは、ドイツ―イギリス間の科学者の協調関係は、ドイツの海外進出にからむ政治的・経済的な敵対関係には必ずしも左右されず、科学の自律性が、帝国主義時代の国際的な協力体制づくりを容易にしたと指摘している。彼女は、帝国の科学のインターナショナルな側面を明らかにすることによって、政治史の分野でしばしば示される帝国主義の構図、つまり、ヨーロッパの海外へゲモニーの拡大にともなう、競争、衝突というイメージとは別の構図を提示した。[33] 彼女が指摘するように、帝国主義時代の政治、経済面での敵対関係は、必ずしも林学のインターナショナリズムに影響したとはかぎらない。帝国主義の諸相のなかで、国家間の競争という点は、しばしば強調されてきたが、本書では、植民地における環境保護主義の成立と普及を追うことによって、帝国主義の別の様相を示したい。

第二のテーマ、すなわち、植民地の森林管理官が論じた環境保護主義の特質については、第四章で明らかにする。従来の研究では、植民地における林学の発展は、主に帝国による森林資源の搾取・管理という文脈でとらえられてきた。[34] 本書と同じく、一九世紀から二〇世紀半ばまでのイギリス帝国における環境保護主義の展開を論じたR・ラジャンも、森林資源の持続的活用を森林管理官の最も重要なイデオロギーととらえている。[35]

他方で、グロウヴ、サベルワルやバイナートのように、環境保護主義のなかには、単なる森林資源の持続的活用以外の動機があったと主張する者もいる。かれらは、森林枯渇と土壌や気候の悪化を結びつける議論を「乾燥化理論」

と名づけ、環境保護の動機として重視している。[36]

本書では、一九世紀後半から第二次世界大戦にかけて、環境保護主義の確立に関わった主要な森林管理官の議論を分析する。一九世紀半ばに開始されたインドにおける森林政策の第一の動機は、木材の持続的供給であった。多くの森林管理官の間では、森林からの歳入の増加こそがかれらの主要な責務であるという考えが優勢であった。しかし、かれらが森林保護の動機として挙げたのは、それだけではない。かれらは、森林資源の持続的産出を森林の「直接的有用性(direct utility)」と呼ぶ一方で、森林が広範囲の土地や気候に及ぼす影響を「間接的有用性(indirect utility)」と呼び、同様にその意義を認識していたからである。一九世紀後半から二〇世紀前半の環境保護をめぐる議論を分析すれば、森林資源の保全という側面が、植民地科学者にとって唯一の重要なアジェンダであったというラジャンの議論は説得力をもたないのである。

歳入の増加を最優先するという考えは消えたわけではないが、二〇世紀に入ると、環境全体を視野に入れた、より包括的な森林保護の意義が重視されるようになった。一九世紀後半から二〇世紀初めの植民地における林学にとって、功利主義的なコンサベーションと、乾燥化理論のような、より包括的な環境保護主義的側面を意識した思想のどちらが優勢であったかを断定するのは、困難である。重要なことは、次第に多くの行政官が、環境保護の必要性を認識しはじめたという点にある。

ラジャンの問題関心が森林資源に偏っているのは、イギリス植民地の森林政策および林学に対する大陸ヨーロッパの伝統的な森林管理の影響を重視する見方と関連している。[37] ラジャン以外にも、大陸ヨーロッパ、特にドイツがイギリス帝国の林学に及ぼした影響を重視する研究者はいる。[38] もちろんヨーロッパの影響を軽視するわけにはいかないが、イギリス帝国の森林保護には特に独自性はないという彼の主張には疑問を覚える。

インドの森林管理官の教育過程には大陸ヨーロッパの林学機関が深く関与していたが、かれらはいったんインドに赴任すると、インドの森林をめぐる状況がヨーロッパとは大きく異なることを認識した。インドの森林管理官の第一世代は、ヨーロッパの林学の方針を遵守する傾向にあったが、特に二〇世紀以降になると、インドの森林管理官は、独自の方針、すなわち、植民地での経験によって培われた「熱帯林学」を追求しはじめ、その成果を世界に発信した。こうしたインド独自の林学の展開を見落とせば、植民地の環境保護主義のインパクトを測ることはできないであろう。

森林資源を持続的に開発することを目的とした育林法については、ヨーロッパの伝統林学の手法が植民地に導入されたというラジャンの見方は、ある程度妥当であるかもしれない。しかしながら、乾燥化理論の成立過程は、まったく異なる様相を示す。というのも、森林が気候、水の供給、土壌浸食、洪水や旱魃に及ぼす影響については、ヨーロッパよりも植民地で活発に議論されていたからである。このため、植民地における環境保護主義は、より広い角度からとらえられなければならない。

また、ラジャンは、植民地のコンテクストを軽視し、乾燥化理論が植民地政策に反映される過程を考慮に入れていない。どのように、またなぜ、包括的な環境保護主義が植民地で発展したのか。植民地の政治的、経済的、社会的状況との関連のなかで、森林管理官の環境保護主義の言説を分析することが必要である。植民地社会における森林管理官の位置づけを把握することによって、かれらが林学の確立を通して環境保護主義をつくりあげたプロセスと動機を説明することができるだろう。

本書では、資源管理よりもむしろ乾燥化理論に重点を置いて植民地の森林管理官の議論を分析し、乾燥化理論の展開を追うことによって、環境保護に関する思想の年代的な変化を検証していく。というのは、植民地の環境保護主義における乾燥化理論の重要性は、これまで十分に検討されてこなかったからである。乾燥化理論が確立する過程に注目することによって、植民地の環境保護主義の特質について新たな見方を示し、今日のグローバルな環境保護主義の展開にどのようなインパクトを与えたのかについて考察していきたい。

第三のテーマ、植民地の環境保護主義がグローバルな環境保護主義の形成にどのようなインパクトを与えたかについては、第五章と第六章で明らかにする。前述したグロウヴやバートンは、植民地の環境保護主義のインパクトをグローバルなコンテクストで論じた数少ない研究者であるが、双方とも大戦間期以前にグローバルな環境保護主義が成立したと論じている。グロウヴの『グリーン・インペリアリズム』における議論は、一八六〇年という、まさに帝国支配が新しい段階に移った時期に終わっている。一九九七年に出版された『エコロジー、気候と帝国』で、彼は今日のグローバルな環境保護主義への流れを展望しているが、一八六〇年以前の議論と比べて分析が不十分であるという点は否定できない(39)。帝国支配とグローバルな環境保護との関係を明らかにしたいのであれば、帝国主義の時代以降の環境保護主義の展開こそ、分析の対象とすべきではないだろうか。

第一次世界大戦後、林学をとりまく状況は世界的に大きく変化した。それまで森林政策にあまり関心を示さなかったイギリス政府も、戦時中の深刻な木材不足によって、帝国内の森林を持続的に管理する必要性を認識し、森林政策に積極的な態度を示しはじめたのである。帝国内の木材自給体制の確立をめざし、一九二一年に設立された帝国林学協会の主催で、帝国林学会議が開催されるようになった。第一次世界大戦前にインドをはじめ植民地で展開した林学は、大戦間期にイギリスを中心とする帝国林学に再編されたのである。

イギリス帝国内の林学専門家が「植民地林学(colonial forestry)」に代えて「帝国林学(empire forestry)」という語を用いるようになったのは大戦間期のことであった。しかし、世紀転換期のイギリス帝国における林学・森林政策の展開を論じたバートンは、「植民地林学」から「帝国林学」へと変化した意味を見逃している。森林保護が各植民地の問題というよりもむしろ、帝国の問題として議論されるようになったというこの変化こそが、グローバルな環境保護主義の成立に重要な影響を与えたと考えられるのである。

本書では、グローバルな環境保護主義が成立した時代として大戦間期に注目する。この時期には、科学の諸分野で国際会議がたびたび開催され、世界規模で情報交換や問題解決を話し合う協力体制がとられた。林学の分野でも、一九二〇年代、三〇年代に開かれた国際林学会議上で、世界規模の森林育成技術の向上を話し合う機会がもたれるようになった。

このように、科学者の間で森林保護のための国際的なネットワークの形成が進められた第一の要因は、世界規模での森林枯渇が問題となりはじめ、近い将来、「世界木材飢饉」に見舞われるという危機感が広がったことにある。しかし、グローバルな危機感を生みだしたのは、森林資源の枯渇に対する懸念ばかりではなかった。一九三〇年代には、世界各地から土壌浸食や洪水、水源の枯渇という問題が同時多発的に報告されるようになったが、これらの問題は、乾燥化理論に基づき、森林破壊が原因だと考えられた。この乾燥化問題を人類の衰亡に関わる普遍的な問題として世界に警告を発したのが、植民地の森林管理官だったのである。かれらは、第一次世界大戦前から乾燥化の問題を重視していたが、それは各植民地の、あるいはこの問題を共有する熱帯植民地特有のものとして捉えていた。しかし、大戦間期になると、乾燥化の被害をローカルな問題からグローバルな問題として捉えるようになったのである。かれらの環境認識の変化こそが、グローバルな環境保護主義の誕生に決定的に重要になってくると思われる。

グロウヴも、植民地科学者が、熱帯の島々の環境の脆弱性に気づいたことを環境保護主義の起源として重視しているが、熱帯植民地の地域的な問題が、いかにしてヨーロッパやアメリカも含めた、人類にとって普遍的な問題になっていくのかについては説明していない。こうした変化を明らかにしなければ、植民地起源の環境保護主義とグローバルな環境保護主義との関連を示すことができないだろう。

本書では、大戦間期に帝国林学が形成されたことによって、植民地の環境問題が帝国全体の問題として認識されるようになったことを、帝国林学会議の分析から明らかにしていく。さらに、植民地の森林管理官が帝国林学を構成する重要な一員として、ヨーロッパ諸国の主導の下で進められた国際林学会議に参加し、かれらの乾燥化への強い関心を国際会議のアジェンダに反映させていく過程を示す。同時に、各国の林学専門誌における乾燥化理論をめぐる議論を分析することにより、大戦間期のグローバルな環境認識とはどのようなものであったかを把握するよう努める。

以上、本書の三つのテーマをつなぐ糸は、環境保護主義の展開と帝国との関係である。これまで多くの歴史家が、帝国支配によって、どれほど植民地の思想、文化、制度が変えられたのかを問題にしてきたが、近年、これとは逆の視点が取り入れられはじめた。どの程度、植民地が本国の思想、文化や制度に影響を及ぼしたか、という問題である。これらの相互影響を考察することももちろん重要であるが、第三の視点、すなわち、いかに帝国がグローバルな思想、文化、制度の確立に関与したか、という議論にも重大な意味がある。帝国支配のなかで展開していった環境保護主義は、グローバルな環境保護主義の成立を促進する働きをした。そのため、従来の帝国史という枠組みのなかで植民地と本国との相関関係を説明するだけでは、今日のグローバルな環境保護主義のはじまりを理解するのに不十分である。グローバルな環境保護主義の成立過程において帝国が与えたインパクトを明らかにすることが、本書のねらいである。

第二章　インド森林局の設立

この章では、はじめにインド森林局が設立された背景として、一九世紀前半の東インド会社の支配下で起こった森林破壊のプロセスを概観する。次に、こうした森林の状況に危機感を抱き、森林政策の必要性を提言した人々の議論を示し、森林保護論の輪郭を示す。こうした先駆者たちの業績は、イギリス帝国内の林学・森林政策の幕開けのメルクマールとされている。インド森林局が設立される以前にコンサベーションのプロパガンダを広める役割を果たしたのは、主に東インド会社の医務官(Medical Service)であった。

ここでは、カルカッタ植物園園長ナサニエル・ウォーリッヒ、ボンベイ植物園のアレクサンダー・ギブソン、マドラス管区の軍医E・G・バルフォア、マイソールの軍医ヒュー・クレグホーンの四名を取りあげる。さらに、最も重要な人物として、ドイツ生まれの植物学者ディートリッヒ・ブランディスを挙げる。彼は一八五五年に義父であるインド総督ダルハウジーに請われて、ビルマのペグーにある森林の組織的な管理を任された。その功績が認められ、彼はインドの初代森林局長官に指名されたのである。一八六四年、森林局の設立によって、初めてインド全体を対象とした森林行政が着手され、ブランディスは、森林問題に関してインド政庁に専門的な助言を与える役目を担った。

章の後半部分では、まずインド森林局の組織編成を見ていく。次に、森林局が植民地行政機構のなかでどのような位置を占めていたのかを明らかにする。最後に、インド森林局による森林政策の展開を追うとともに、インドの森林管理官が直面した問題についても言及する。森林局と他の行政当局、インド政庁との関係は、本書の重大なポイントの一つとなる。これらの関係を示すことは、環境保護主義が展開する過程に光を当てるのに役立つであろう。

本書では、インド森林管理官の主張を知る材料として、一八七五年から発行された月刊の林学専門誌『インディアン・フォレスター』を分析する。『インディアン・フォレスター』は、インド森林局のなかでも指導的な森林管理官が代々編集を務め、林学の技術、知識上の問題を議論し、成果を広めるだけではなく、森林局の動向を報告し、行政上の諸問題を議論する役割も果たしていた。そのため、インドの林学・森林政策の展開を知る上で、きわめて有効な史料と考えられる。またこの雑誌は、世界的に最も古く、影響力のあった林学専門誌の一つであると見なされている。主な読者はインドの森林管理官であったと考えられるが、インドの新聞や農学、土木工学専門誌にもしばしば取り上げられ、また、インドの森林政策や林学の研究動向を伝える媒体として、イギリス帝国各地のみならず、大陸ヨーロッパ、アメリカ等の科学誌の批評に載ることもたびたびあった。

一　一九世紀前半の森林破壊

（一）　農地化の進行

イギリスは、一八世紀半ばにフランス勢力の支援を受けていたベンガル太守軍に勝利し、ベンガル、ビハール、オリッサ地方の地税徴収権を獲得してから一世紀の間に、数々の戦争を通じてインド亜大陸における領土支配を拡張していった。植民地インドの統治機構であった東インド会社にとっての第一の任務は、地税収入による財源の確保であったため、耕地の拡大が積極的に進められた。また、幹線道路や鉄道などのインフラストラクチャーの整備も徐々に始まっていった。この過程を通して、インドの環境が大きく変化したことは明らかである。一九世紀半ば以前の森林面積やその消失率に関するデータはきわめて断片的であるが、多くの研究者は、インドの多くの地域では、農地が急速に拡大する過程で、大規模に森林が伐採され、耕地に変えられたとみている。(1)

例えば、ボンベイ管区カーンデシュ県における一八一八年―一八二三年の耕地面積は二八万五六八八ヘクタールであったのが、一八四七年―一八五二年には、四二万六四七二ヘクタールに増加した。(2)この時期に農地化が進められた第一の理由は、一八三〇年頃からの人口の増加である。(3)さらに、一九世紀初頭からさまざまな試行錯誤を経た結果、一八三〇年代末には、地域による違いはあるものの、かなり統一的な安定した地税制度が確立した影響も大きい。政府は、安定した地税収入のために、潅漑整備の普及などに着手した。(4)このように農地化された場所の多くは、もとは森林であった。残された森林にも、木材や燃料を求める人々が集中するようになり、森林枯渇はますます加速したのである。(5)

北インドでは、一九世紀初頭まで、広大な密林地帯が手つかずの状態で残っていた。しかしながら、この地域にできるだけ迅速に耕地化し、地税収入を得ようという東インド会社の方針によって、こうした森林はプランテーションへと変えられはじめた。一九世紀前半にカーンプルやアラーハーバードが綿花栽培の中心地になるにつれ、ドアーブ地方の森林は切り払われた。(6)例えば、アリーガル県では、一八〇五年には六〇〇〇平方キロメートルの森林が広がっていたが、一八五〇年代までに大規模に破壊され、一九世紀末には小さな森が点在するだけになってしまったという。(7)ヒマラヤ外縁の東部地域、ダージリンやアッサムでも、一九世紀前半から茶のプランテーションが拡大するにつれて、森林が消失していった。栽培されるものが自給用作物であれ、換金作物であれ、森林は農地化の進行を妨げる障害物でしかなかったのである。

(二) 木材需要の増加

農地化の進行に加え、木材需要の増加も森林への圧力となった。英領インドには、ヒマラヤ山脈、ヴィンディヤ山脈、西ガーツ・東ガーツ山脈、アラーカーン山脈、テナーセリム山脈などを中心に大規模な森林地帯が広がっていた(図1)。一七世紀以降、国内の森林が枯渇したイギリスが、増加し続ける海軍用の木材需要を満たすため、海外植民地に木材を求めたことは、周知の事実である。こうした木材供給地としてイギリスがまず目を向けたのは北アメリカであったが、一三植民地が独立すると、インドをはじめ、ケープ植民地、オーストラリア、ニュージーランドも、海軍用資材の供給地として注目されるようになったのである(8)。

東インド会社は、一九世紀初頭にまずインド亜大陸の西岸に注目するようになった。そこは、一七九二年の第二次マイソール戦争の勝利によってイギリスが新たに獲得した領土であり、西ガーツ山脈が含まれていた。一八〇〇年、取締役会は、東インド会社を代表して木材を伐採する権限をボンベイ政庁に与えた(9)。こうして一九世紀初頭から、西ガーツ産のチーク材を用いた造船が、ボンベイで積極的に進められるようになったのである(10)。

一九世紀初頭に行われたのは、東インド会社によるあからさまなチーク林の独占であった。森林管理体制の確立に向けた第一歩は、一八〇〇年のベンガル・ボンベイ合同委員会の設置にあるとされている。この委員会は、西ガーツ山脈の西側に位置し、アラビア海に接するマラバール海岸地方の森林の状態を調査するよう命じられた。一八〇五年には、イギリス国内のオーク材の不足が顕著になってきているのを考慮して、海軍がマラバール産チーク材の恒久的な供給にどの程度依存できるかを問い合わせる急送公文書が東インド会社取締役会から送られた。それを受けて、森林の状態だけでなく、その所有権の状況を含めた包括的な調査のために、森林委員会が任命されたのである。委員会は、マラバールで供給可能な木材の量が過大評価されており、海岸近くの森林は既に枯渇状態で、今後はさらに奥地

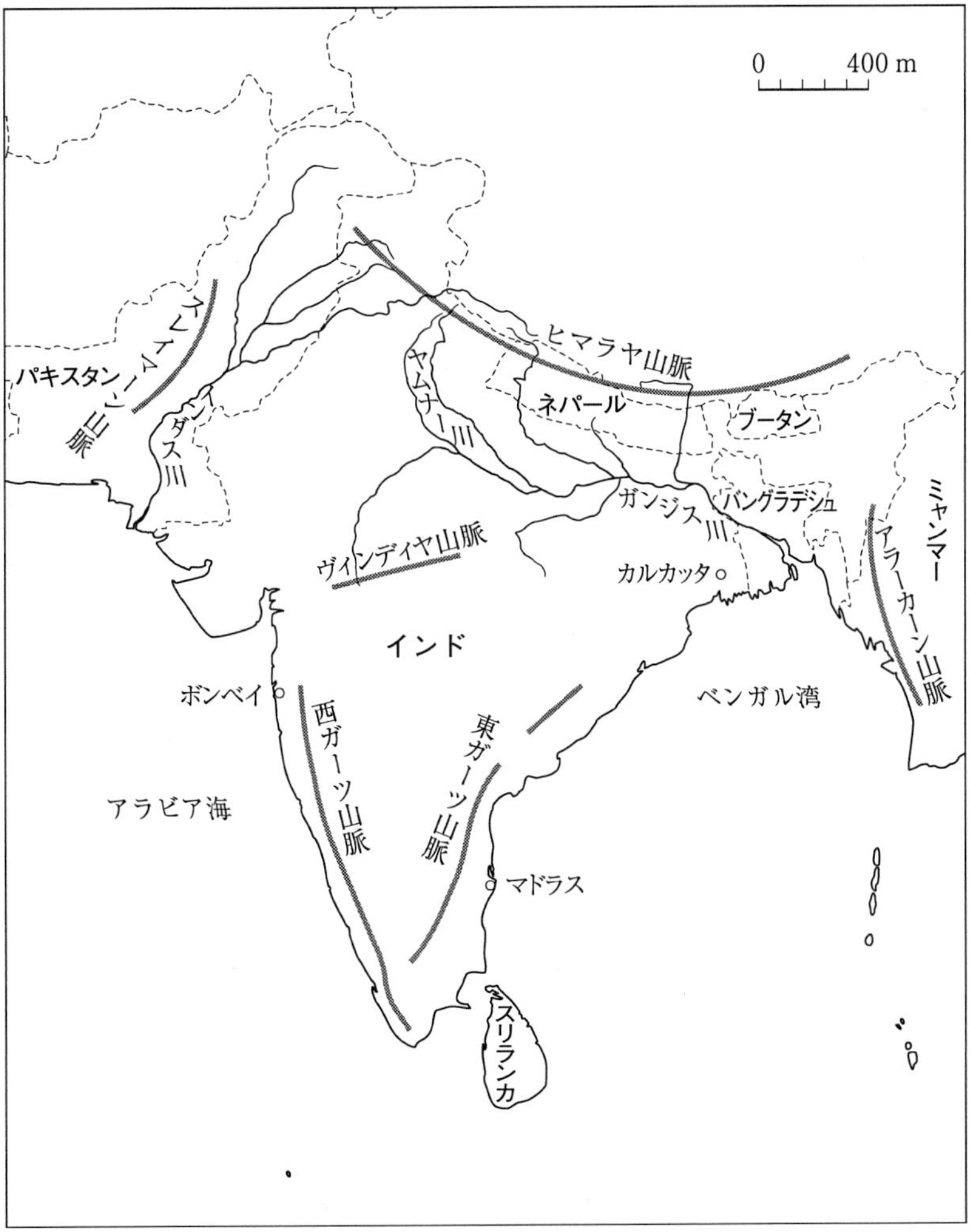
0　400 m
スレイマーン山脈
パキスタン
インダス川
ヒマラヤ山脈
ヤムナー川
ネパール
ブータン
ガンジス川
バングラデシュ
ミャンマー
アラカーン山脈
ヴィンディヤ山脈
カルカッタ
インド
ボンベイ
西ガーツ山脈
東ガーツ山脈
ベンガル湾
アラビア海
マドラス
スリランカ

図1　南アジアの地形図

まで伐採を進めていかねばならないが、そのためには道路の建設費がかかると報告した[11]。

将来的な海軍の拡張を想定した本国政府からの圧力が強まるなかで、造船に適したチーク材などの木材を管理するための特別職が置かれ、ワトソン大佐が一八〇六年にインドで初めて森林保護官[12](Conservator of Forests)に任命された。彼とその後継者は、マラバールとその南に位置するトラヴァンコール全体の私有権を無効にして、チーク材を独占する体制を築き、政府に安価な木材を十分に供給した[13]。

しかし、この木材独占という政策によって、森林所有者や木材商人だけでなく、燃料用の木材伐採を禁じられた現地住民の間でも、次第に不満が噴出するようになった。一八二二年には、マドラス知事トマス・マンローがこの森林政策の廃止を主張し、翌年にはこのような森林管理体制は廃止された。その後の二〇年間は、反動の時代であった。取締役会は、一八四二年になるまで森林管理に再び手を着けず、その間に伐採権を得た木材商人によって恣意的な木材伐採が大規模に行われた。政府の所有林ですら、無謀な開発が進行し、森林伐採は制限されるどころか推奨された。当然のことながら、森林の荒廃が進み、一八三〇年代から、木材の値段の高騰が報告されるようになったのである[14]。

チークの供給量が減りはじめたマラバールに代わる新たなチーク産出地として注目されたのが、第一次ビルマ戦争の勝利によって、一八二六年にイギリス領となったテナーセリム地方であった。一八二七年、この地域の森林資源の調査をするよう命じられたカルカッタ植物園の園長ウォーリッヒは、森林資源の有限性を説き、政府による森林管理への介入を提唱した[15]。六年かけて、具体的な計画や、規則の立案、予想される結果について議論されたが、結果的には、こうした森林保護に基づく提言は政策には反映されずに終わり、インド政庁は、アッタラン森林を開発業者に開放したのである。一八四六年、県知事デュランドは再びこの問題を取り上げたが、地元モールメインの材木商は、カルカッタ・プレス社の支援も受けて、大規模な反対運動を起こし、インド政庁はこの森林への介入を断念せざるをえ

表1　鉄道建設に使用された枕木の数と森林伐採面積の推移

(年)	鉄道総延長(単位：マイル)	使用された枕木の数(単位：100万本)	伐採された森林面積(単位：1000エーカー)
1850	0		
1860	1,542	3.1	15.5
1870	8,637	14.1	70.5
1880	15,764	14.1	70.5
1890	27,227	22.7	113.5
1900	40,396	26.1	130.5
1910	52,767	24.6	123.0
1920	61,957	18.2	91.0
1930	70,565	17.1	85.5
1940	72,144	3.1	15.6
合計			715.6

出典：M. Williams, *Deforesting the Earth : From Prehistory to Global Crisis,* Chicago, 2002, p.359より作成.

なかった。

一九世紀初頭に管理の対象となったのは、海軍船の建設資材として求められたチーク林のみであった。チークの主な産地であったマラバールやテナーセリムでは、何らかの政府による介入があったが、それ以外の森林の荒廃は、ほとんど見過ごされた。例えばマドラス管区では、イギリス鉄鋼会社(The British Iron and Steel Company)が、東ガーツ山脈南部に位置する南アルコット、トリチノポリー、タンジョールの森林伐採権を得ていた。政府はこの会社に、政府が所有するセーラムの荒蕪地やジャングルから燃料用の木材を伐採する独占権も与えていた[16]。

さらに、一八六〇年代以降には、鉄道網の拡大が森林破壊を加速することになった。一八六〇年、当時のマドラス管区の森林保護官クレグホーンは、マドラス政庁への報告書のなかで「管区内の原生林を次第に枯渇させる要因はたくさんあるが、第一の、かつ、これまで最も恐るべき要因は、鉄道用の需要である[17]」と述べている。マイケル・ウィリアムズによる推計(表1)からは、一九世紀末から二〇世紀初頭にかけて、枕木の需要による森林伐採が大規模に進んだことが明らかにされている[18]。

二　森林保護論の高まり

（一）森林資源の有限性

一九世紀前半を通じて木材の需要は増えつづけたが、私企業のみならず政府内にも、インドの森林資源の有限性を認識する者は、ほとんどいなかった。たとえ森林の荒廃を認識し、何らかの手を打たなければならないと考えても、その目的はあくまでも木材供給の維持であり、森林全体を保護するというものではなかった。そのため植林は行われず、伐採方法や輸送方法を改善することによって木材供給の効率化を図ろうとした。

こうした状況のなかで例外的に森林保護の必要性を植民地政府に強く訴えたのは、東インド会社の医務官である。薬学の専門知識が必要であったかれらが植物学に精通していたことはよく知られている。インドの植物園では、医務官が植物園勤務を依頼されるケースは、しばしばみられた。ここでは、「インド林学の父」と評価されている人々の業績をさらに詳しく分析することにより、かれらが森林政策の開始に果たした指導的役割を明らかにしていく。同時に、かれらが森林保護を提唱する動機はいったい何であったかという点についても考察していきたい。

一八六四年にインド森林局が設立される以前に、限定的ではあったが、いくつかの地域ですでに森林政策が始まっていた。(19) 一八四〇年、ボンベイ医務局に所属する軍医であり、ボンベイ植物園の植物学者でもあったギブソンは、ボンベイ管区の北部にある森林について報告するために派遣された。一八四七年、彼は同管区の森林保護官（Conservator of Forests）に初めて任命され、(20) 本格的な森林管理計画を打ち出し、チークの栽培や植林、移動耕作の禁止など一定の成果をあげたとされている。この時期から、ボンベイでは森林保護に目が向けられはじめたため、インドの森

林保護にとって最初の転換点となったといえよう。(21)

前述したマドラス知事マンローは、森林保護官による横暴な独占を批判し、その職の廃止を訴えたが、決して森林政策に消極的ではなかった。彼は、土地の所有者や利用者の権利を「十分に補償した」上で、一般の立ち入りを制限する保留林を制定する手続きを進めた。こうして、マラバールとカナラのかなりの部分が、保留林となった。また、マラバールの収税官(collector)H・V・コノリーは、一八四四年に、一定基準まで育っていないチークの伐採を禁じるだけでなく、チークの植林という手法を取り入れた。(22)チークの植林は、マドラス管区の森林保護官に任命されたクレグホーンらに引き継がれ、チーク林の面積は、順調に拡大していった(23)(図2・3)。

クレグホーンは、もともとはマイソールの軍医であったが、一八五一年のイギリス科学振興協会の大会で、インド全土の熱帯林の破壊がもたらす結果の予想について報告を行い、森林保護について影響力をもつようになった人物である。(24)インドの森林の惨状を明らかにし、恣意的な森林破壊が「木材飢饉」を引き起こすと警告したこの報告によって、インド政庁やインド省の主要メンバーは、インドの森林保護のために、組織的かつ計画的な手段をとる必要性を認識しはじめた。一八五六年に、クレグホーンは、同様の提言をマドラス政庁に示し、同年、マドラス管区の森林保護官に初めて任命された。五年後、彼は、西ヒマラヤの森林調査のためにパンジャーブ州へ赴任し、一八六六年、パンジャーブ森林局の初代長官に就任した。(25)

さらに、一八五二年、第二次ビルマ戦争の終結によって、下ビルマ地方のペグーがイギリス領に併合された。この地域のすべての森林は、政府の所有林となり、ジョン・マクリランド博士が監督者に任命された。彼は一八五四年に提出した報告書のなかで、私企業による森林開発に一定の歯止めをかけるよう主張している。この報告に対して、インド政庁はこれまでにない対応を見せた。インド総督ダルハウジーは、一八五五年、初めて永続的な森林行政策の大

図 2　マラバール南部におけるチークの植林（2 年後）
出典：W. Schlich, *Schlich's Manual of Forestry,* vol. 1, London, 1906.

図 3　マラバール南部におけるチークの植林(55年後)
出典：図 2 と同じ.

要を定め、彼の娘婿であるドイツ人の植物学者ブランディスを、マクリランド博士の後継者としてビルマのペグー森林長官の任に就けた。ブランディスが定めた目的は次の三つである。第一に、持続的な木材産出を確保するために、森林を保護し、状態を改善し、産出力を保つこと。第二に、森林やその近隣の住民を「仲間、味方」にすること。これは、カレン族やビルマ人を森林で雇用することを意図していた。最後に、毎年可能な限り歳入を黒字にするだけの木材生産をあげることである(26)。

一八五七年のインド大反乱により、インド政庁は巨額の負債を抱えた。こうした状況下で、ラングーンの材木商は、チーク材の市場価格の高騰に便乗しようと企てた。ペグー森林のチーク材をすべて売却することで、巨額の利益を得るとみこんだかれらは、政庁に対して、歳入増加に役立つと提案した。カルカッタの有力な私企業の影響を受けたロビー活動によって、インド政庁は、州知事にペグー森林を私企業に開放するよう命じた。しかし、それが本国政府に報告されると、インド担当大臣は、一八六二年三月二四日付の急送公文書を送り、この処置に強く反対した。その結果、ペグー森林の一部が私企業の手に渡るだけに終わり、それも借地権が切れると、再び更新されることはなかったのである(27)。

こうした出来事は、インドにおける森林政策のはじまりと位置づけられている。一九世紀半ばを境に、インド政庁の姿勢がそれまでの恣意的な森林開発からコンサベーションに転じたのは、政策上の転換点として重要である。この変化の要因は、何よりもインド政庁が森林資源の有限性を認識しはじめたからだといえよう。植民地科学者による森林保護政策の提言を受け入れるほどに、この時期までに資源問題は深刻になってきたと考えられる。

(二)　森林と気候

これまで述べてきたように、森林政策が始まった一九世紀半ばにおける政府の主要な動機は、天然資源の管理にあったことは明らかである。保護・管理の対象として議論にのぼったのは、木材として貴重なチーク林であった。しかしながら、他方で、森林が周囲の環境に及ぼす影響の重要性について論じる科学者・行政官もいた。かれらは、資源という観点からだけでなく、森林が気候変化に及ぼす影響という点からも、森林保護を提言した。

森林と気候との関連という問題に関しては、R・グロウヴがすでにギブソン、クレグホーン、バルフォアなど主要な森林保護論者の著作を分析している[28]。そのため、ここでは、森林と気候との因果関係に政府が関心をもっていたことを示すべく、一八四七年に取締役会がインド政庁に送った急送公文書と、それに対する報告を取り上げる。

一八四七年七月七日付の取締役会から送られた急送公文書は「森林が気候や土地の生産性に与える影響と、大規模な木材伐採の結果」について全インドで調査し、その結果を報告するよう要請したものであった。こうした問題関心の背景には、植民地支配の確立に不可欠な農業の安定化という目的があった。この時期、発展していく農業との関連において、木材供給という観点以外の森林の有用性にも目が向けられていたのである。

この公文書には、一八四六年三月九日付のギブソンからの手紙の抜粋が添付されていた。彼は、手紙のなかで、現地住民の証言にも触れ、森林の伐採によって短期間のうちに近隣の果樹園や稲田の地味は低下し、そればかりか、年間平均気温がかなり上昇し、気候が乾燥化するなど悪影響がでてきていると指摘し、やがては国中の地味が低下すると警告していた[29]。

インド政庁は、取締役会の要請に直ちに対応し、マドラス政庁に対し、森林が気候や土地の生産性に及ぼす影響や、大規模な木材伐採の後、観察された結果に関する情報を収集するよう求めた。この調査に対し、マドラス管区の軍医バルフォアは、一八四〇年に出版したこの問題に関する彼の覚書のコピーを提出した。彼は、森林伐採によって土壌浸食、河川の流量の（おそらくは降雨量も）減少、乾燥化の進行、地味の低下が起こり、その結果、飢饉が誘発されると提言した。マドラス政庁は、これを増刷し、広く配布すると同時に、インド政庁や取締役会、ボンベイ政庁などにも送った[30]。

その後数年のうちに、いくつもの報告がインド政庁に提出された。例えば、カレン将軍が提出した一八四九年三月三一日付の報告書では、大気中の水分をせき止め、凝縮させるのに山脈が果たす役割や、森林が地表の水分の蒸発を抑える効果が強調されている。しかし、彼は、この状況が降雨量や水源からの水の供給に大きな影響があるかについては疑わしいとも述べている。(31)

マイソールの軍医C・I・スミスが一八四九年六月二三日に作成した別の報告書では、マイソールの複数の地区知事による報告や、マイソールの南西部に隣接するクールグの人々の証言から、森林の保持が降雨量の増加につながると信じられていると記録されている。彼は同時に、プランテーションの拡大にともなう森林破壊によって水源が涸れた例を三つ挙げている。(32)

また、トリチノポリーの収税官W・エリオットは、カスバ村と隣接する丘との間のジャングルを切り払った後、雨がほとんど降らなくなったという住民の証言を取り上げ、さらに、熱や風による被害が大幅に増加し、以前とくらべて井戸や貯水池の水の供給量が減ったことにも言及している。その結果、この土地ははるかに豊かでなくなり、乾地農法が激増したというのが、彼の報告であった。(33)

一八六三年、ボンベイ管区の森林保護官N・A・ダルゼルは、森林破壊によって、かつては肥沃で名高い土地が次のような過程を経て乾燥化し、荒廃したと述べた。彼の観測によると、まず、森林の消失に伴い、泉や小川が消え、乾燥した大地に水を供給しなくなった。次に、森林破壊によって、この地域の気温が目立って高くなった。最後に、雨によって、肥沃な表土が押し流され、樹木をはぎ取られた山肌から流出する土砂によって、不毛の土地となってしまい、さらに、こうした山の斜面からの流れは、川底を見せるほど干上がるか、あるいは突然の一時的な洪水で氾濫するようになってしまった。(34)

以上のように、森林破壊は、単に木材資源の問題ではなく、気候や土地の生産性に関する問題と捉える者もいた。このような包括的な環境認識は、一九世紀後半以降の植民地における林学・森林政策の展開に、重要な意味をもつのである。

三　インド森林局の設立

(一)　インド森林局の組織編成

前節で述べたように、森林保護官はボンベイ管区で一八四七年に、マドラス管区で一八五六年に、ビルマでは、その翌年に任命されていた。その後一八六四年までに、中央州、北西州、アウド[35]、パンジャーブ、クールグ、ベンガル(図4)でも、森林保護官の下、地方レベルで森林局が組織化されはじめていた。こうした状況を背景に、各地方の森林局を統括する部局の必要性が次第に認識されるようになり、一八五五年に総督ダルハウジーが残した覚書をもとに全インド森林局の設置が検討されはじめたのである。一八六二年一一月一日、インド政庁がインド担当大臣に送った急送公文書のなかで、次のように述べられている。

真の森林行政のシステムの発展を確保するために、どうすれば最善の策か、という重大な問題をよく考えなければならない。なぜなら、今ある森林局は、明らかに有名無実だからである。それゆえ、森林事業に確固たる基盤を築き、また、これに関連するすべての事柄の手配をする部局が必要であることは、明白である[36]。

こうして、一八六四年、土木事業局長の管轄の下に、インド帝国全土を統括するインド森林局が設立され、森林局長官にD・ブランディス(図5)が任命されたのである。インド森林局は、すでに各州でつくられていた地方森林局を

図4　インド帝国の行政区画

図 5　D.ブランディスの肖像
出典：D. Brandis, *Forestry in India : Origins and Early Developments*, Dehra Dun, first published 1897, reprinted 1994.

統括する形をとった。一八七一年には、森林局は、収税・農務局の管轄下に入ることになったが、一八七九年から一時的に内務局の管轄に移され、その後一八八六年には、一八八一年に改編された収税・農務局の管轄に、再び編入された[37]。

森林局の組織編成に関して説明すると、まずトップに森林局長官(Inspector-General of Forest)が置かれ、彼は、インド政庁と各州の行政当局に専門的立場から提言をする立場にあった。さらに、林学教育機関の運営やインド全体の森林調査、営林計画の作成も彼の業務であった。また、インド帝国の森林政策の進展について毎年報告書を作成することも義務づけられた。

インド森林局は、帝国部門(Imperial Service)、州部門(Provincial Service)、執行・保安部門(Executive and Protective Service)の三つに区分された。帝国部門の役職は、保護官(Conservator)、副保護官(Deputy Conservator)、保護官補佐(Assistant Conservator)に分かれていた。かれらは、ヨーロッパの林学機関で専門教育を受け、本国の採用試験に合格したヨーロッパ人からなっており、森林局の序列の最高位を形成するグループであった。本書で取り上げるのは、主にこの帝国部門の森林管理官である。

保護官は、各州の森林局の長であり、各州政庁の統括下におかれた。かれらはそれぞれ、州全体か、あるいは州の下部区画である行政区(circle)の一つを管轄し、森林事業の任を負っていた。[38] つまり、保護官は、各地で的確な森林政策を施行し、森林局の基本方針や財政などを決定するという点で、最も直接的な影響力を行使しえた。一人の保護官が管轄する保護地区は、州であれ、行政区であれ、複数の地区(division)に分けられた。それぞれの地区は、何人かの帝国部門か州部門の森林管理官が担当した。この地区は、さらに区域(range)に分けられ、州部門の下級の森林管理官か、さらに下位の執行・保安部門の森林管理官が担当した。

帝国部門の森林管理官の数は、業務の拡大に伴って、次第に増加していった。一八六九年には、五七名であったのが、一八八二年には九四名に増加し、その後一八八八年には一八五名、一九〇〇年には二〇〇名と順調に伸びていった。二〇世紀にはいると、その数は三〇〇人を越えるまでになった。[39]

次に、帝国部門の指導下で実際的な森林業務に従事する執行部門に所属する森林監視官(Ranger)は、デーラ・ドゥーン林学校で英語による専門的な教育を受け、選抜されたインド人の森林管理官で構成されていた。他方、保安部門は、それより下位の副森林監視官(Deputy Ranger)、森林警備官[40](Forester)、森番(Forest Guard)で構成されていた。かれらも、林学校の下位のクラス、つまり現地語で教育を受けるクラスで、必要な検定に合格する必要があった。執行・保安部門の人員の変化については明らかではないが、一九〇〇年に一万五〇八名いたという記録が残っている[41](図6)。

最後に、特別副保護官(Extra Deputy Conservator)と特別保護官補佐(Extra Assistant Conservator)から成る州部門は、これら二部門の中間に置かれた。これは、一八九一年の森林局の再編成によって、帝国部門へそれより下位の部門からの昇進が認可されなくなってから、とられるようになったシステムである。州部門は、下位の執行部門のなかで最も優秀な人材を引きつけるために、かれらの昇進先として用意された。つまり、州部門のシステムづくりには、

図 6　チャンガ・マンガ・プランテーション(パンジャーブ)のスタッフ
出典：W. Schlich, Schlich's *Manual of Forestry*, vol. 1, London, 1906.

インド人のエリート層を引きつけるねらいがあったといえよう。この部門の人員については、一九〇〇年の段階で一一二名いたという記録が残っている。(42)

(二)　インド人森林管理官の雇用問題

インド森林管理官の制度は、インド高等文官制度やそれ以外のすべてのインド諸制度(医務官制度、教務官制度など英領インド支配機構中の全国的官吏組織の総称で、森林管理官制度もここに含まれる)とほぼ同じものであった。本国の試験で選ばれたイギリス人が階層の上位を占め、森林政策を統制した。かれらは、自分たちの統制の下で実際に森林を管理する州部門や、実際に森林に入って労働する執行・保安部門にのみ、インド人の参加を求めた。森林局長官ブランディスは、インドの森林管理を始めた当初から、現地住民を森林管理官として雇うことに熱心であった。彼の計画では、森林局の執行・保安部門はインド人が携わるべきものであり、他方、森林政策を監督する帝国部門は、フランスやドイツで専門的な教育を受けたヨーロッパ人が支配すべきものであった。その一方で、執行部門のトップ、森林監視官も一通りの専門教育を受け、卓越した功績のある場合には、より地位の高いポストに昇進する機会を与えるべきだとした。インド担当大臣は、原則として彼の方針を承認したわけである[43]。

一八六八年七月二八日付の議会報告のなかで、ブランディスは次のように主張している。

合理的な森林管理のための活動が、この国〔インド〕の共有財産にならないかぎり、今始められたばかりの仕事の功績や最終的な利益は確実なものとはならない[44]。

彼はさらに、森林政策というのは、森林局の責任ある地位に就くインド人の数が増えるほど、外国から導入されたものという性格をなくしていくと強調した。

インド人を森林管理官として雇用する問題については、ヨーロッパ人の森林管理官の間で議論となった。一八七五年に開かれた第二回森林会議では、森林管理官制度の最下層を占める森番や、森林で必要な労働力として先住部族を雇用することが望ましいという意見や、地域で世襲的な影響力をもつ村の長を雇用することが森林政策を遂行する上で必要だという主張があがった[45]。

この問題については、会議後も『インディアン・フォレスター』誌上で議論が続けられた。インド人の森林管理官の能力については、さまざまな見解が示された。例えば、C・F・エリオットは、森林監視官や森林警備官などの下位部門については、ヨーロッパ人よりもインド人の方が適していると、次のように断言している。

かれら〔森林監視官として雇われたヨーロッパ人〕は、概して教育を全く受けておらず、かれらの半分の賃金で雇われているインド人ほど判断が的確でないことが、しばしばある。

インド人はするのに、ヨーロッパ人は、暑い日には森林を巡回しようとはしない。また、ヨーロッパ人は、かれらの下で働くインド人よりも観察力が鋭く、判断力があるということはおそらくない。……ヨーロッパ人は、最もありふれた樹木の英語名も現地語の名前もわからない。[46]

その一方で、彼の意見に反対する声もあった。『インディアン・フォレスター』誌上で反論したE・H・Bなる森林管理官は、森林監視官としても、やはりヨーロッパ人の方がふさわしい、というのも、通常ヨーロッパ人は、その活力で名高いからである、と主張した。逆に、インド人が好ましくない理由について、彼はこう述べている。

教育を受けたインド人は、特にカーストが高くなればなるほど、一般的に、熱病や野獣をおそれて森林業務を怠けようとする。……かれら〔インド人〕は、責任感がほとんどないため、森林監視官としては不適格であろう。[47]

結局、一八七〇年代末には、インド森林局の上層部にはヨーロッパ人を、森林監視官や森林警備官といった下部にはインド人を雇用するという方針が固まった。インド森林局は、インド人森林管理官の雇用によって、地元の森林に関する知識や慣行を入手しようとし、また、森林局と現地住民との軋轢を減らそうと意図した。こうした方針は、他の行政当局同様に「協力者(コラボレーター)」を創出するための手段と考えられる。

二〇世紀に入っても、イギリス人の森林管理官は、インド人の森林管理官に対して、さまざまな態度を示した。例えば、F・カニングという森林管理官は、一九六一年にデーラ・ドゥーン森林研究所・カレッジ(デーラ・ドゥーン林学校が前身)が森林局設立一〇〇年を記念して刊行した回想録のなかで、次のように語っている。

〔インド人の〕ひじょうに優れた、定年退職に手が届きそうなほど老齢の森林監視官は、私の案内人であると同時に、よき師でもあり、数え切れないほど私を助けてくれた。特に、私が区域の任務について経験が浅かったときには。[48]

こうした関係は、特に森林管理官の任に就いたばかりのイギリス人にとっては、珍しい例ではなかったと考えられる。

一九二〇年、モンタギュー＝チェルムスフォード改革によって、森林局の帝国部門の門戸が大幅にインド人に開放されることになった。インド独立後、インド人として初めて森林局長官となったM・D・チャトゥルヴェディーの回想録によると、この時期にインド人の森林管理官は、侮辱を受けることもあった。例えば、著名な森林管理官の一人、E・P・ステビングは、インド森林局を退職した後、エディンバラ大学で林学教授となっていたが、『タイムズ』に「インド森林管理官制度のインド人化による悲劇的な結果に関する詳説」と題する論説を寄稿して、インド人森林管理官の無能ぶりを批判し、森林政策のレベルが落ちることを危惧している。

他方で、同じくインド森林局で長年活躍し、退職後はオクスフォード大学の林学カレッジの校長となっていたウィリアム・シュリッヒやM・カッシアは、インド人の森林管理官に対してひじょうに好意的であったとチャトゥルヴェディーは回想している。彼によれば、一九二〇年までは根深い偏見と闘う困難な時期であり、その後も不快な悪意を感じることが多かったという。一方で、インドの林学・森林政策の発展には、イギリス人の森林管理官の献身に負うところが大きいとも認め、イギリス人の遺産を継承する意志を明らかにしているのである。こうした評価は彼だけでなく、回想録を寄せた多くのインド人森林管理官に共通していた点は興味深い(49)。

帝国主義の時代やその後に、どの程度イギリス人の森林管理官がインド人の森林管理官に対して人種的な偏見を持っていたかを一般化するのは、きわめて困難である。とはいえ、インドが独立するまで、イギリス人の人種的偏見とそれに対するインド人の反発を内包しながらも、森林局内部における両者の衝突は表面化しなかったと見られる。

(三)　収税・農務局との関係

次に、森林局とその他の行政当局との関係に目を移すと、森林局の設立後まもなく、森林局と収税・農務局(以下、収税局と略す)との衝突が頻発するようになったことが明らかとなる。収税官は、森林政策が農村地域の社会構造に有害な影響を与えていると批判し、農業生産を促進する方向へ土地政策を改善するよう求めた。かれらは、耕地の拡大と、それによって増加し続ける人口に足る十分な食糧生産を確保することが、政府にとってより切実であり、重要な案件と主張した(50)。

森林局と収税局の間の衝突を回避し、両局の関係を良好にするために、森林管理官の再編成計画が一八七〇年にボンベイ管区に提出された。この計画は、帝国部門か州部門から県毎に一人を県森林官(District Forest Officer)として配置するというものであった。かれらは、土地政策の面で、森林局と収税局との折り合いをつけるために、インドにおける最小の統治単位である県の責任者、県知事の統括下に置かれた。州の森林局の長である保護官は、森林局の財政、組織編成や森林に関するすべての専門的な問題の決裁を一手に握ったが、保護官が県森林官に送った公式文書は、県知事にも報告された。そこで、何が起きているかを常に県知事に知らせ、彼が必要だと判断したときには介入できるシステムがつくられたのである。保護官と県知事との間で意見の違いがある場合には、州政庁が裁決を下した(51)。

同様のシステムが、一八八二年までに他の州でも次々に採用されていった。このようにして、収税局よりも後に組織された森林局は行政機構全体に統合されて機能するようになり、土地政策をめぐる表だった衝突はいったん減少するかに見えたが、機会のあるごとに再燃した。というのも、森林局と収税局の業務は、相容れない面があったからである。

森林局は森林を政府所有林とし、保護政策を徹底させるために住民の立ち入りを制限する政策をとった。他方、収税局の主要な業務は、収税と治安維持にあった。森林の耕地化によって地税の増加が見込まれる点や、森林規制の強化によって住民の反発が高まり、社会不安が懸念される点で、両者の利害の衝突は避けられなかった。インドの林学・森林政策の発展を考える上で、植民地行政機構内の他局との関係はきわめて重要であったと思われる。

四　森林政策の展開

（一）森林法の制定と保留林の拡大

森林局設立の翌年、つまり一八六五年のインド最初の森林法の制定によって、森林局の活動方針は法的に裏付けられた。この法律によって、森林管理官は、森林資源を計画的に管理・保護し、林産物の開発や貿易を統制することができるようになった。この法律の第二節では、「政府所有林」(Government Forest)の創設を認め、個人や共同体の諸権利を補償するのと引き換えに政府所有林に編入することが定められた。さらに、森林管理官は、この法律の規定に違反した者を処罰する権限を与えられた。

しかし、一八六五年の森林法には機能面で不十分な点があったため、すぐに政府内部から批判が噴出した。この法律では、該当する森林が選別され、政府所有林として布告されて初めて森林政策を開始することができた。しかしながら、将来的に政府所有林として区画[52]されると見込まれる森林を保護する権限を政府に与えなければ、効果的な管理は保証されなかった。さらに、森林法第二節の森林の定義は、「樹木や茂みに覆われた土地、ジャングル」というものので、あまりにも狭義で曖昧とされた。そのため、政府はあらゆる非耕地を森林と規定する権限を持ち、森林法の規定に照合して管理すべきだという主張がなされた。最も重大な欠点とみなされたのは、政府所有林へ編入する手続きが曖昧であるという問題であった。[53]放牧、燃料採取や日常生活に必要な木材伐採という活動のために自由に立ち入ることができる森林を政府所有林に組み込む過程で、現地住民の慣習的な用益権をどう処理するかが問題となったのである。

一八七八年の森林法は、こうした問題点を是正し、新たに森林利用や森林への立ち入りに関するシステムを確立するために制定された。この森林法によって、政府は潜在的に貴重だと思われる森林をすべて森林局の管理下に置く権限を賦与された。新たな分類システムでは、森林は三つの型に分類された。

第一に、政府にすでに所有されている森林は、「保留林」(Reserved Forest)として設置された。ここは、政府の許可なく売却することは禁じられ、伐採や耕地化も禁じられていた。保留林は、商業用木材の供給を永続的に維持し、また生態系の安定を保つよう意図されていた。また、保留林内の用益権は無効にされた。ブランディスの記録によると、一八八四年のインド帝国領は、藩王国を除いて約八七万平方マイルであり、そのうち二四万六四〇〇平方マイル、つまり、約二八パーセントが耕地で、残りは森林や放牧地、荒蕪地などであったとされている[54]。

インド森林局が管轄した森林のなかでも、保留林は急速に増加し、一八九〇年には、約五万六〇〇〇平方マイルに達した。その後も順調に増えつづけ、一九一七年には一〇万平方マイルを突破した。一九二〇年以降は横ばい状態となり、インド独立直前の一九四五年には一〇万八〇〇〇平方マイルとなった[55]。また、ベルトルト・リッベントロップの記録では、保留林を含めた森林局管轄下の全森林面積は、一九世紀末までに全体の五分の一を占めるまでになったという[56](図7)。さらに、イギリス支配の末期には、政府所有林はイギリス領インドの全森林面積の約七割を占めるにいたったとされている[57]。

第二に、「保護林」(Protected Forest)は、営林計画によって区画が済めば、将来的に保留林に組み入れられる土地として確定された。この地域でも、商業的に価値がある森林への立ち入りは制限され、保留林よりも規制は緩やかだったが、草刈や放牧などの活動を制限する規則を作ることが許された。

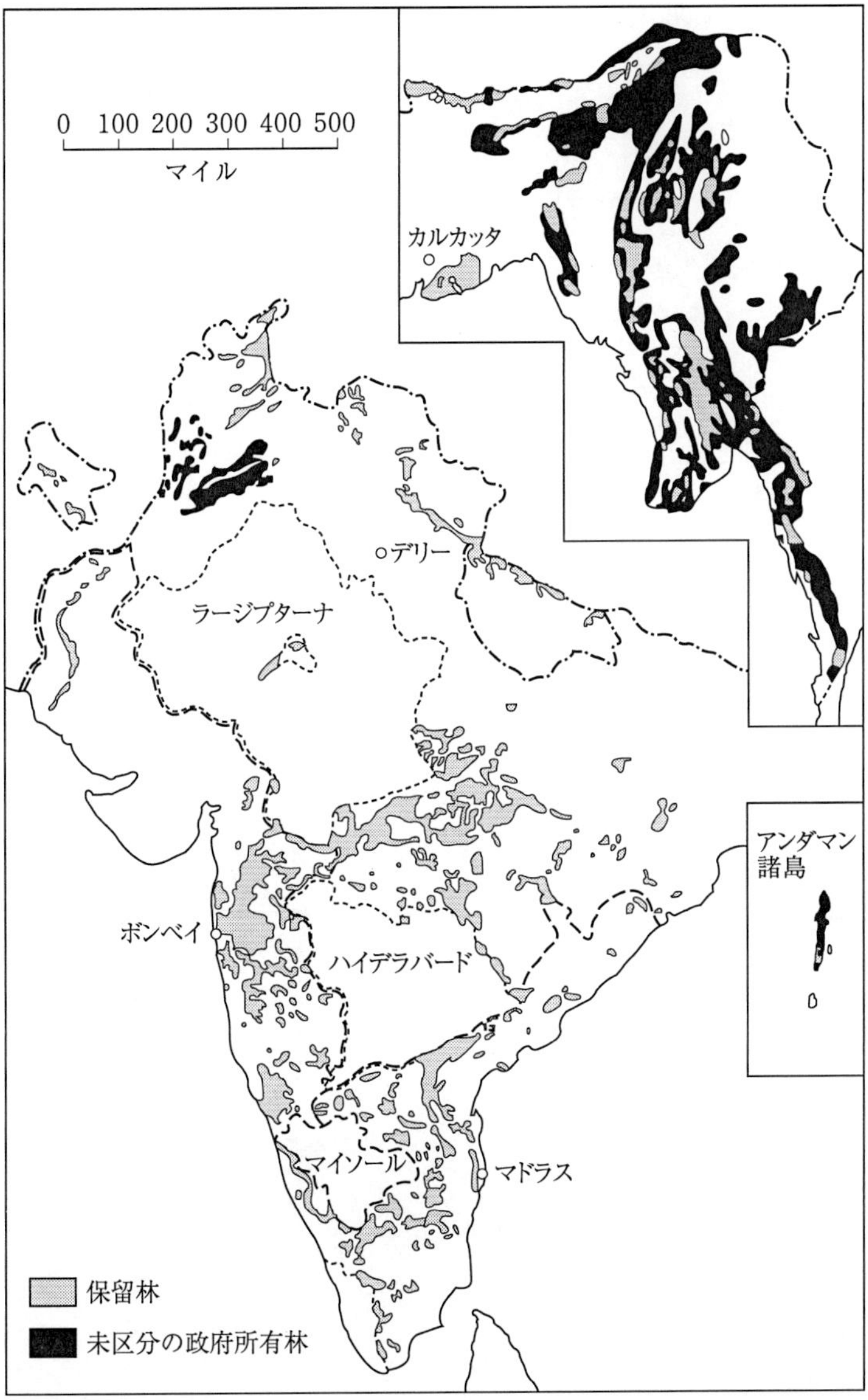

図7　マドラス，ボンベイ，ベンガルの三管区における保留林および未区分の政府所有林の範囲

出典：B. Ribbentrop, *Forestry in British India*, Calcutta, 1900よりM. Williamsが作成したもの．M. Williams, *Deforesting the Earth : From Prehistory to Global Crisis*, Chicago, 2003, p.367.

第三に、政府によって森林に関する権限がすべて村落共同体に与えられた地域は「村落林」(Village Forest)と制定された。しかしながら、これらの地域でも、森林規則は地方政府が作成し、原則的には保留林規定がそのまま適用されたため、村人たちが与えられた権限を有効に行使しえたかについては疑問が残る。[58]

中央政府が作る森林法や地方政府が作る森林規則は、森林用益権の一般的な内容を規定するが、農民や牧畜民個人がどの森林をどのように利用できるかという具体的な決定は、複雑な森林査定(Forest Settlement)の手続きを経て実行された。これは、政府が森林管理官以外から任命した、森林査定官(Forest Settlement Officer)が森林の範疇区分を決定するとともに、該当する地域の村民が持つ用益権の存在、性質、範囲を調査して確定し、権利を登記するというものである。[59] 森林査定官は、住民側の主張を全部、あるいは一部許可するか、補償により権利を放棄させるかを決めた。放牧されうる家畜の数や、採集される燃料の量など、主張された権利は、以前の査定で記録された権利と照会された。森林査定官が用益権の確定や、住民の主張の決裁を行う際には、森林局と住民、あるいは住民の便宜を考えて規制の緩和を求める収税局との間の対立が当然起こった。[60]

他方で、イギリスの影響力の下、藩王が支配していた地域[61]の森林政策は、場所によって異なっていた。藩王国のうち、カシミール、ハイデラバード、マイソールなど、森林の規模が大きく、重要性が高い場合にはインド政庁が強い関心を示したため、その多くが租借され、州の森林局がイギリス領内と同様の方針で、直接管理にあたった。森林局が直接管理しない場合は、出向した森林管理官が租借した森林を代理で統括した。いずれの場合も、藩王たちは、森林管理官に森林の管理を任せたため、村民の森林に関する慣習的な権利は厳しく制限された。他方、ラージプターナや中央インドのように森林があまり関心を呼ばない藩王国では、ほとんど何の対策もとられなかった。こうした地域では、森林の破壊が進んだとされる。[62]

インドの森林政策は、一九二〇年代の森林犯罪や森林放火の増加への対応を迫られて、一九二七年の森林法によって再度見直された。罰則が強化されたことが主な変更点であるが、全体として、森林規制の強化と管理地域の拡大という当初からの姿勢には何ら変化は見られなかった。(63)

(二) 現地住民との衝突

このように、一八七八年の森林法が制定されてから、現地住民の慣習的な用益権は次第に制限されるようになった。森林査定がインド全体に進行するにつれ、森林の立入禁止に対する地元の不満が高まっていった。収税官のなかには、厳格な森林行政によって農民層の不満が爆発しないかと危惧する者もあった。こうした事態は、行政官と地元農民との間で調停者となるザミーンダール(64)がいない地域(65)では、特に重大な問題となった。さらに、野焼きを伴う移動農法や放牧を営む先住部族も、それまで生活の基盤であった森林から締め出され、強制的に別の土地へ移動させられた。森林管理システムの労働力源として必要な場合に限り、かれらは森林に居住することを許され、森林管理官のなかで最も下位の森番として雇用されたのである。(66)

森林管理官のなかには、かれらに同情を示す者もいた。インド人の森林管理官、R・N・ダッタは次のように記録している。

マディヤ・プラデーシュ(中央州北部)の森林政策は、今や遠く離れた地に住まわされている先住部族に深い恩義がある。森林管理官制度でキャリアを重ねていき、かれらと頻繁に接触するようになるにつれ、かれらの幸福な生活のために何かしてやりたいという欲求にかられる……私の思い出のなかで、ライガール県やスルグージャ県の移動放牧民を定住させたことについては、ある程度満足している。かれらのうち何人もが禁止されている険しい斜面の森林を伐採したとして監獄へ送られた。森林局長官は、かれらが住んでいた村が森林局によって保留林と指定された土地にあったことをふまえ、森林局に指定された土地に新たに村をつくることを条件に赦免した。そして、かれらを『更正』させる計画が立案された。かれらは政府から、土地、住居用の資材など、耕作者として身を立てるのに必要なあらゆるものを無料で与えられ、かれらの作物が育つまで生きていけるよう助成金が与えられた……。[67]

別の森林管理官C・C・ウィルソンは、次のように述べている。

当局は、村民がこれまで自分たちの権利とみなしていたものを否定している。かれらが新たな圧政に対して憤慨し、激しく闘ったことは、よくわかる。教育を受けていないかれらは、自分たちの小さな村が消えていくことを理解できないのだ。[68]

しかしながら、全般的にヨーロッパ人森林管理官は、現地住民の行動は改良されるべきだと考えていた。リッペントロップは、インド人は森林を、水と同じように、自然からの無償の贈り物であり、万人の共有財産と捉えていると述べている。彼はさらに、遊牧民が農耕民を侵略した歴史的背景によって、インド人は移動耕作という手法をとらざるをえなかったとも指摘した。野焼きを前提とした移動耕作や放牧は、森林を破壊する力が強いとされ、禁止されるようになったが、二〇世紀になってもまだ地域的に続いており、消滅させるのはきわめて困難であった。[69]

一九世紀末から第一次世界大戦までの時代は、帝国主義の時代と呼ばれ、植民地の被支配民に対する態度が一九世紀前半までとはかなり異なるというのが一般的な見解である。森林政策に関しても、一八六四年にインド森林局が設立された頃から、現地住民に対する森林管理官の態度の変化が見られる。ギブソンやクレグホーンら森林保護の先駆者は、現地住民の移動耕作や放牧と同じように開発業者やプランテーション経営者を批判の対象としていた。しかし、森林行政が確立していくにつれ、現地住民の移動耕作や放牧のための野焼きは、森林に与える被害がひじょうに大きいとして厳しく非難され、これらの活動を禁止、あるいは規制する地域が拡大していった[70]。森林局の規制を破る者に対しては、罰金や投獄、あるいは用益権を停止する森林閉鎖などの厳格な処罰が課された。当然のことながら、現地住民は森林管理官に反感を抱き、森林管理官を攻撃し、あるいは森林に放火するなどという形で反抗した。こうした事態に直面して、現地の慣習に対する行政側の態度が厳しくなるという悪循環に陥る地域もあった[71]。

森林管理官は、林学・森林政策こそが、長い目で見て国家の繁栄をもたらすと信じた。森林によって、洪水や旱魃、その結果生じる飢饉からまぬがれることができると考えられた。そのためには、一部住民がそれまで享受してきた権利を規制することはやむをえないとされた。森林管理官にとっては、森林政策は、「公共の利益」として存在していたのである。ただ、問題となるのは、何が「公共の利益」であるかを決定するのは植民地政府であり、現地住民ではなかったということである。

第三章　森林局ネットワークの展開

一九九〇年代から、インドやその他の植民地の森林政策に関する研究が盛んに行われている。しかしながら、植民地の環境保護主義の成立と普及を理解しようと思えば、インドの林学・森林政策の発展を考察する視点だけでは不十分である。この章では、インドで形づくられた林学が、いかにしてその他の植民地や、帝国を越えた国々に広がったかを明らかにしていく。

他方で、第一次世界大戦以前の本国イギリスでは、森林政策への関心が低く、学問としての林学も確立していない状態であったことには、注目すべきである。インドでいかにして林学・森林政策が確立したかを知るためには、本国と植民地との相互影響を考えるだけでは不十分であり、大陸ヨーロッパの影響も視野に入れなければならない。第三節では、植民地の森林管理官の教育システムをめぐる論争から、インド、イギリス、大陸ヨーロッパの興味深い三角関係を検証する。

さらに、この章の最後の部分では、インドと大陸ヨーロッパやアメリカ、また、インドシナやアルジェリアなどのフランス植民地や、ドイツ領東アフリカ、アメリカ領フィリピンなどとの相互影響についても言及し、森林保護をめぐって国や帝国という枠を越えた協力体制が整いはじめていたことを指摘したい。

一　植物園ネットワークと森林局

一八六四年のインド森林局設立以前に、植民地の植物学者は、小規模ではあったが、すでに樹木の種苗の生産や植林に着手しはじめていた。前述したように、この時期、森林に関心を持つ重要人物のほとんどは、植物園に所属しているか、植物学に詳しい医務官であった(1)。各地の植物園を通じて、植民地間で有用な樹木を交換し、順化させる活動は、林学を発展させる一つの要因となった。この節では、森林局の先駆的存在としての植物園の役割を考察する。まず、植民地間のネットワークの存在を示すために、一九世紀半ばまでのイギリス帝国における植物園の広がりを明らかにする。次に、こうした植物園ネットワークが、樹木、特にユーカリの普及を通して、いかに林学の発展と森林局ネットワークの確立に寄与したかを見ていく。

(一)　イギリス帝国における植物園ネットワークの形成

イギリス帝国内の植物園ネットワークは、一七七二年にジョゼフ・バンクスがキュー・ガーデンの運営に采配をふるうようになってから、急速に拡大しはじめた。彼が帝国における植物園の普及や、時には帝国という境界を越えたネットワークの形成に与えた影響力の大きさは、多数の研究からすでに明らかである(2)。

七年戦争でイギリスが勝利をおさめた結果、西インド諸島のセント・ヴィンセントとトバゴがフランスから割譲された。さらにイギリスは、ナポレオン戦争後、すでに植物園が設立されていた新しい植民地を手に入れた。オランダからはセイロンとケープを、フランスからはモーリシャスを獲得した。こうした植民地の植物園は、大陸ヨーロッパの植物園ネットワークの一部として機能しており、イギリスと他のヨーロッパの帝国とのネットワークを強化する働きをした。(3)

西インド諸島では一七六五年に、総督ロバート・メルヴィルの指示によって、フランスから割譲されたセント・ヴィンセントに最初の植物園がつくられ、(4)軍医ジョージ・ヤングが、その植物園の管理者に任命された。彼はバンクスの援助を受けて、一七八五年にアレクサンダー・アンダーソンが引き継ぐまで、管理者として働いた。(5)同様に、一九世紀初めまでに、ジャマイカやトリニダードにも、複数の植物園が設立された。

南大西洋では、セント・ヘレナの首都、ジェイムズ・タウンに一七八九年、植物園がつくられた。というのも、東インド会社の植物園をカルカッタに計画中だったロバート・キッドが、植物輸送の中継基地としての植物園をこの地に設立するよう、バンクスに強く働きかけたからである。(6)セント・ヴィンセント植物園を管理していたアンダーソンも、セント・ヘレナの植物園を、インドやその他のアジア諸国原産の植物やその種苗を順化させる中継基地とするよう提案した。(7)R・グロウヴは、セント・ヘレナを、森林保全や植林の試みが行われた場所と位置づけ、こうした試みは、セント・ヘレナでのみ役立っただけでなく、インドの森林政策のはじまりに強い影響を与えたと主張している。(8)

一八世紀末から一九世紀初頭までの間に、東インド会社はカルカッタ、サハーランプル、バンガロールとダピュリーに主要な植物園を設立していた。カルカッタの植物園は、一七八七年に前述したキッドを管理者として開園されたが、当時のイギリス帝国内で最大のものであった。この植物園は、既存の植物園を密接に連結するよう期待されていた。実際、カルカッタ植物園の設立に貢献したセント・ヴィンセント植物園とのつながりを通じて、西インド諸島の植物園から輸入された多種多様な樹木の種苗を管理するセンターとなったのである。(9)一七九三年から一八一三年まで園長を勤めたウィリアム・ロクスバラの下、カルカッタ植物園は、植物研究の主要なセンターとなり、東インド会社の後援で後にマドラスやセイロンに設立された植物園のモデルとなった[10]。前章で挙げた、林学の先駆者の一人とされるN・ウォーリッヒは、この植物園の第三代園長であり、一八一七年から一八四一年まで務めた。

カルカッタには植物園だけでなく、一八二〇年に、インド農園芸協会も設立された。この協会は次第に発展し、インド亜大陸全土とビルマに支部をつくり、ネットワークを結んだ。各地の協会は、それぞれ庭園をもち、植物園と同じような機能を果たしていた。つまり、植物を交換し、種苗を普及させ、また、実験を行い、研究成果を発表するなどしていたのである。

サハーランプルの植物園は、植物採集のセンターとなっていた。同時に、観賞用の植物や茶の栽培をインド北西部に広めるのに、重要な役割を果たした。さらに、若手の園丁を訓練して、インド中の庭園に配属するという活動も行っていた。また、インド南部ニールギリのウータカマンドにある高原避暑都市(hill station)には、一八四七年に植物園がつくられたが、ここはキナノキの栽培と普及の中心として、国際的に名高かった[11]。

イギリス帝国内にはこれ以外にも、シンガポール、シドニーやタスマニア島のホバートにも一九世紀初めに植物園が設立されていた。このように、一八世紀末から一九世紀初頭の間にバンクスとキュー・ガーデンを中心に、約一三〇名の植物採集員や植物園園長から成る植物園ネットワークが形成されたのである[12]。

(二)　植物園と樹木栽培法(arboriculture)

イギリス帝国史の研究者ドナル・マクラケンは、植民地の植物園の機能の中で、重要であるにもかかわらず、ほとんど評価されてこなかったのが、林学に対するインパクトであったと指摘している[13]。各植民地の植物園は、木材として、あるいは抽出物が利用できる樹木を見つけ出し、積極的に栽培した。さらに、地元で需要するだけでなく、世界中からそれぞれの植民地へ有用と思われる植物を導入し、順化し、改良を重ねて生産力の増加に努めた。そのなかには、ゴムノキ、キナノキやユーカリといった樹木も含まれていたのである。

例えば、ニュージーランドのウェリントンやクライストチャーチ植物園は、大量の苗木を生産していた。ウェリントン植物園は、外見上、ほとんど森林そのもののように見えた場所もあったといわれる。実際、一八九一年当時、森林はこの植物園の四〇パーセントを覆っていた。(14)

インドでも、ラホール、ウータカマンド、ラクナウの植物園で、苗木の生産や普及が行われていた。カルカッタ植物園は、西インド諸島のマホガニーの苗木を大量に育て、何年もかけてそれを普及させた。一八六〇年代に、この植物園の園長トマス・アンダーソン博士は、ベンガルで初めての森林保護官となった。サハーランプル植物園では、マホガニーやヒマラヤスギが種から育成され、一八五〇年代にはトン単位で配布されるようになった。(15)

植物園が樹木栽培に注目したのは、単に経済的な動機からだけではない。例えば香港では、一八七〇年代から植物園が「衛生、景観そして利便性のために」、樹木が切り払われた山の斜面に大規模な植林を始めた。この植物園には、独立した予算や栽培園をもつ森林部門があり、一八九九年、園長チャールズ・フォードは、前年に租借した新界(New Territories)の森林の多くを保護する責任を負っていた。

モーリシャスでは、マラリアが流行した後、パンプルムース植物園が大規模な植林を始めた。ここで、植民地の植林と衛生問題との関係について説明しておく必要があるだろう。植民地の医務官は、当時の衛生思想のパラダイムであった瘴気(miasma)説に基づいて、マラリアは湿地から生じる湿った「悪い」空気によって引き起こされるものと信じていた。(16)このようにマラリアの温床と考えられた湿地をもっと衛生的な状態へ改善すべく、水分吸収力の強い木を植えれば、マラリアの蔓延を防ぐことができるという議論がでてきた。一九世紀末に細菌学や寄生虫学の発展を基盤とした熱帯医学が成立するまでは、植林によってマラリアなどの熱帯病が防げると強く信じられていたのである。こうした経緯から、植物園は植林にも関与するようになった。一八七〇年代までに、モーリシャス植物園の園長は、同時に森林管理官という任にも就くようになり、年間四〇万本の植林を管理することも、珍しいことではなくなった。[17]

(三) ユーカリのネットワーク

ここで、メルボルン植物園の役割について特に詳しく言及する必要があるだろう。というのも、この植物園の園長フェルディナンド・フォン・ミュラーは、イギリス帝国中、さらには世界中に、オーストラリアの植物、特にユーカリを普及させたからである。一八六〇年代に、メルボルン植物園は約五〇万本の樹木を普及させるなど、他の植物園から傑出していた。

ユーカリは、一九世紀の植物園ネットワークにおいて、キナノキ同様、最も重要な木と考えられていた。キナノキから抽出されるキニーネは、マラリアの特効薬となることが発見されたため、キナノキは、南アメリカからインドやオランダの植民地ジャワなどに導入された。植物園ネットワークを通じて広がったキナノキについては、いくつかの研究がある。[18]一方、ユーカリが植民地に導入された目的もまた、マラリアの発病の拡大をくい止めることであった。キナノキの栽培によって、多くの人々がキニーネを入手できるようになったが、ユーカリは、当時、マラリアを引き起こすと考えられた瘴気の源である湿地の状態を改善するものと期待されていた。ユーカリの普及は、植物園ネットワークと林学との密接な関係を示す上で重要であるにもかかわらず、ほとんど明らかにされてこなかった。この節の残りの部分では、どのように植物園ネットワークが林学の発展と関わっていたかを説明するために、ユーカリの普及する過程を検討する。

一八世紀末にオーストラリアで発見されたユーカリは、一九世紀半ばにミュラーとP・ラメル博士によって広められた[19]。ユーカリは、まずフランスの植民地アルジェリアの演習用庭園で育てられるようになり、やがては国中に広められた。さらに、プロヴァンスやマリティムアルプス(フランスとイタリアにまたがるアルプス山脈の海側)などのフランスの一部にも導入された[20]。

他方、イギリス帝国内では、ケープ植民地へのユーカリ導入を契機に、大規模な樹木栽培の実験が始められていた。そこで、ユーカリが衛生状態を改善するのに効果的であるという報告が多く集められ、さらにインドの軍医総監E・モートンから、フランス植民地アルジェリアにおけるユーカリの普及とその効果が報告されたこともあって、ユーカリはインドや英領ギアナ、アフリカの各地へ導入されるようになったのである[21]。

ユーカリがこれほど高く評価されたのは、二つの理由からである。第一に、ユーカリは生育が早く、かつ木質の密度が高いという特質を兼ね備えていたため、木材として重宝され、造船用の資材や鉄道の枕木などに利用された。つまり、ユーカリは、短期間で収益をあげるのに最適な木であった[22]。

第二に、ユーカリは湿地の土壌の状態を改善し、マラリアを防ぐのに有効とされた。ユーカリの根が水を吸い上げる力は際だって強く、湿地を覆う不潔な水面を吸収するときに、生息する動植物の汚染物質も吸収するため、土壌はひじょうに衛生的になると考えられたからである[23]。こうしたユーカリの効用について最初に知られるようになった例はケープ植民地であり、ユーカリは一定の地域の衛生状態を回復させたと評価された。後に、一八六〇年に順化協会によってユーカリが導入されたスペインのカディス、セビーリャ地方などでも、同様の効果が見られたとされる。さらに、コルシカやアルジェリアの不衛生な湿地が改善されたという証拠も寄せられた。特にアルジェリアでは、アルジェの物理・自然科学協会のメンバーであり、アルジェ実験庭園の管理者でもあるバートランド博士の統括の下で、積極的なユーカリの植林が進められた。ユーカリ以外に何種類もの樹木が、植物園や順化協会のネットワークを通じて、イギリス帝国内外で交換され、各地で順化されていたことが明らかである。[24]

植民地ネットワークを通して交換された樹木の種苗を各地で順化させ、ユーカリなどのプランテーションを成功させるためには、多くの試行錯誤を必要とした。その過程で、植物学者は樹木栽培のための理論や技術、つまりarboricultureを発展させたのである。樹木栽培法(arboriculture)は、いわば植物学と林学との接点となったといえよう。

既に述べたように、インドで森林局が設立される以前に森林保護を担ったのは、植物学者であった。林学の専門家のいない植民地で森林局が新たに設立される時には、植物学者が新しい森林局の長官職を担うケースは珍しくなかった。[25] 例えば、ジャマイカ、モーリシャス、香港、海峡植民地などがそうである。多くの植物園は、森林局ができるまで、その役割も兼ねていた。[26]

一八八二年、香港の植物・植林局(Botanical and Afforestation Department)の設立にあたっては、インド森林局からの情報や種苗を得るのに植民地の植物園ネットワークが使われた。[27] というのも、植物園とは、植民地科学者のネットワークの基点であり、こうしたネットワークを通して、科学者のソサエティが形成されていたからである。このネットワークは、一九世紀後半以降、イギリス帝国内に形成される森林局ネットワークの基盤となった。しかしながら、植物園ネットワークと森林局ネットワークには決定的な違いがあった。すなわち前者の中心は本国キュー・ガーデンにあったのに対し、後者の中心はインドにあったのである。インド森林局の設立を契機とするイギリス帝国内の林学・森林政策の展開については、次節で論じる。

また、イギリス帝国に林学・森林政策が確立するためには、植物園で発達した樹木栽培法ではなく、育林法[28](sylviculture)や、政府による森林政策のモデルを導入することが不可欠であった。この育林法や政策モデルは、既存の植物園ネットワークからではなく、林学・森林政策の進んだ大陸ヨーロッパから学ばなければならなかった。帝国内で最も早く森林局が設立されたインドと大陸ヨーロッパとの関係は、第三節で見ていくことにする。

二　インドを中心とする森林局ネットワークの成立

（一）インド森林管理官の派遣

インドの森林行政総覧（*Review of Forest Administration in the Several Provinces under the Government of India*）によると、毎年、複数のインド森林管理官が、インド以外の植民地や近隣国に送られていた。インド森林管理官の派遣は、一八八八―八九年の総覧から記載されており、毎年三～九人のインド森林管理官が、海峡植民地、マレー、トリニダード、南ナイジェリア、モーリシャス、セイロン、スーダン、タイなどにおける勤務を命じられていた(29)。こうしたインド森林管理官の移動は、決して珍しいことではなかったといえる。かれらの勤務期間は、一時的なもので、一年ないし数年である場合と、赴任先で常置の職に就き、退職するまで務める場合があった。

インドの森林管理官は、林学・森林政策の専門家として高い評価を受けており、その派遣を求める植民地からの要請は次第に増えていったが、すべての要請に応えることはできなかった。というのは、インドのなかですら森林管理官の数が不足していると感じられていたからである。しかし、インド森林局は森林管理官の需要に積極的な態度を示し、次のように述べている。

インド森林局の森林管理官が足りないため、帝国部門の上級職員を派遣するよう求める諸政府の要請を断らざるを得なかったのは残念である。しかし、インド担当大臣が、近年、海外勤務職員のポストをさらに四つ増やすことを認可しており、将来的には、効果的なインド森林行政を保持しつつ、複数の森林管理官を海外援助のために派遣することが可能となるであろう(30)。

こうした事実は、植民地間に森林局ネットワークが形成され、インドの森林管理官が、ネットワークを通じて、林学・森林政策を普及させるのに指導的役割を果たしていたことを示すものである。

以下の部分では、いくつかのケースを詳細に見ていく。一九世紀から二〇世紀初頭にかけて、イギリス帝国内では、森林局が次々につくられていったが、インドの森林管理官は、その多くのケースに深く関与していた。各植民地の地理学・気候学上の特徴、森林の状態、森林管理のあり方が、インド森林管理官によって調査、報告されるようになったのである。

(二) 熱帯植民地間の森林局ネットワーク

一九世紀末から、イギリス帝国内では森林局が次々につくられていき、第一次世界大戦が始まるまでには、ニュージーランド、モーリシャス、ケープ植民地(のち南アフリカ)、オーストラリア、セイロン、キプロス、カナダ、マレー、ケニア、ゴールドコースト、シエラレオネ、ナイジェリアに森林局が設立された。インドの森林管理官は、そのほとんどのケースに深く関与していた(図8)。

例えばモーリシャス植民地当局は、インド政庁に対し、森林について調査、報告する森林管理官を派遣するよう要請し(31)、これを受けて、一八八〇年にR・トンプソンがモーリシャスに向かい、報告書を作成した。その内容は、森林局の設立と政府所有林の拡大、島全体の植林を勧めるものであった。また、土壌保全や規則的な水の供給という観点から、水源近くの山頂付近の森林を保護する必要性にも言及されていた(32)。モーリシャス植民地当局は彼の勧告を受け

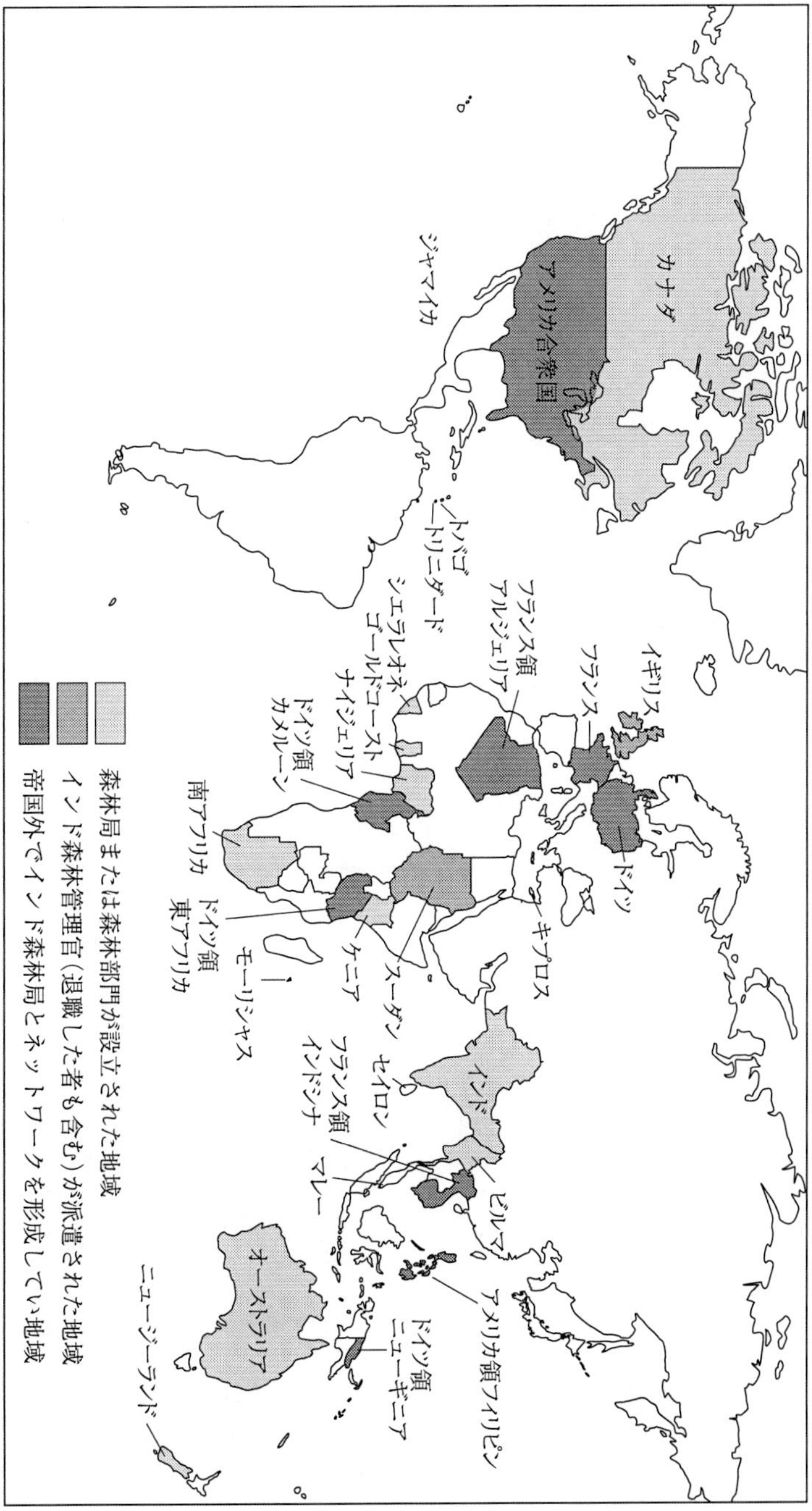

図 8　イギリス帝国の森林局ネットワーク（19世紀末～第1次世界大戦前）

出典：Lawrence James, *The Rise and Fall of the British Empire*, New York, 1996より作成した．

入れ、翌年森林法案が通過し、森林局が設立された。さらに一九〇三年、モーリシャス植民地当局の再度の要請を受けて、インド森林局は、森林政策の助言役としてF・グリードウを派遣した。彼が提出した報告書のラインに沿って、モーリシャスの森林政策は、第一次世界大戦後も展開していった。[33]

一方セイロンでは、一八八二年、インド森林管理官F・ヴィンセントが、セイロンの森林政策について報告する役に任命された。彼は報告書で、森林法制定の必要性、移動耕作・放牧の規制、体系的な森林保護、専門的な教育を受けた森林保護官の任命などを促した。彼はこの報告書を『インディアン・フォレスター』にも送っている。[34]彼の勧告の大部分は、そのまま実践された。一八八五年に森林法案が通過し、一八八七年にはヴィンセントが森林保護官代理に任命され、その翌年から森林局の組織編成の第一歩が始まった。一八八九年には、別の森林管理官A・F・ブルーンがセイロン森林局に派遣され、はじめは森林保護官補佐の地位にあったが、一八九一年には森林保護官に任命された。[35]

さらに一九〇二年には、インド森林局からP・M・ラッシントンが派遣され、報告書を提出した。そのなかで彼は、森林政策の後れや、セイロンの植民地当局の需要を満たすための過剰な森林伐採、またこうした需要に従って、本来森林を保護管理するための教育を受けた森林管理官を森林伐採に向けていることを批判している。彼はさらに、価値の高い品種をより大規模に、かつ体系的に植林するよう勧告した。彼の勧告が森林委員会で討議された結果、森林管理官の人員が増加され、植林事業も発展した。こうしたインド森林局がセイロンに及ぼした強い影響力は、第一次世界大戦後も続いた。一九三四年、当局はまたもインド森林局から専門家の助言を求めることを決議し、H・G・チャンピオンが派遣され、報告書の作成を任じられた。[36]

インド森林局からマレーへは、一九〇〇年、H・C・ヒルが、森林行政とさらなる森林管理の提案について報告するために派遣された。その結果、翌年に森林長官の職が設置され、ビルマで活躍していたA・M・バーン＝マードックが任命された。彼の仕事は、一九一五年にやはりインド森林管理官であるG・E・S・キュービットに引き継がれた。それ以降も、数名のインド森林管理官がマレー森林局に勤務した。このように、マレーの林学・森林政策の発展をみていくと、インド森林局で経験を積んだ森林管理官の派遣という伝統に、負うところが多かったことが明らかである。第一次世界大戦後も森林業務の組織化が進み、最終的には一九二六年にマレー森林管理官制度が整備された。この組織は、インド森林管理官制度に厳格にならったものであった。[37]

アフリカでは、一八八二年に、ケープ植民地に初めて森林局が設立された。一九世紀半ばにJ・C・ブラウン[38]によって森林局の設立が試みられたが、これは成功しなかったのである。初代森林長官に就任したフランス人ヴァスロ・ド・ルニェ伯爵は、森林の状態と管理計画について報告書を作成した。[39]しかし、彼の任務は一時的なものであり、後任として、インド森林局のD・E・ハッチンズがベンガルからケープ植民地に派遣され、初代森林保護官に任命された。ハッチンズがケープ植民地政府に提出した報告書は、彼のインド森林局における任務経験を反映するものであり、彼がケープ植民地に導入した森林管理の手法や行政の組織化は、基本的にインドと同じ路線であった。[40]

一方ゴールドコーストでは、一九〇八年に、総督サー・ジョン・ロジャーが南ナイジェリア森林局に派遣されていたインド森林管理官H・N・トンプソンを招き、ゴールドコースト植民地の森林について調査、報告し、恣意的な森林伐採を統制するための最善策を勧告するよう求めた。トンプソンが提出した報告書に基づいて、翌年ゴールドコースト森林局が設立され、それ以来、ゴールドコーストの森林政策は彼の勧告に従って進められた。

トンプソンは、ゴールドコーストとビルマの森林の状況を比較し、共通の問題点は、森林資源を目的とした伐採過多ではなく、農地化の拡大による森林破壊であると指摘した。その上で、ビルマで実施されている政策が、西アフリカの状況にも適していると証明することは可能であろうと主張した。[41]トンプソンと同様に、植民地各地に派遣されたインド森林管理官のほとんどは、派遣先とインドの地理的・気候的特徴や森林の状態を比較することから森林政策を始めた。かれらはインドの林学を他の植民地に導入するだけでなく、各地で始められた森林政策の経過をインド森林局に詳しく報告した。これらの報告は、随時『インディアン・フォレスター』に掲載され、植民地の森林に関する諸問題は、インド森林管理官の間で広く知られることとなった。

キプロスや英領東アフリカ、ナイジェリア、シエラレオネへも、政府の依頼でインド森林管理官が派遣され、森林局の設立を促し、必要な法整備や森林行政の確立などに貢献して、森林政策の基礎を築いた。ジャマイカやトリニダード・トバゴなど西インド諸島では、第一次世界大戦前に森林局こそ設立されなかったものの、同様にインド森林管理官の派遣を受け、かれらの指導の下に保留林や植林地域の拡大、森林法の制定が進められたのである。

こうしたインド森林局の役割について、『インディアン・フォレスター』は、自信を持って次のように述べている。

イギリスの植民地が、自国の森林行政について専門的な報告や勧告を望むときにはインドに依頼するというのが、すっかり慣例のようになってきている。[42]

インドの森林管理官が、しばしばその他の植民地の森林管理について助言するよう選ばれることは、インドに対する称賛として捉えてよいかもしれない。その助言は、必ずしも全て採用されるとは限らないが、そうした報告書が出版され、林学・森林政策が関心を集めていると知ることは、たいへん喜ばしいことに違いない。[43]

このように、一八八〇年代からインドを中心とする植民地間の森林局ネットワークは次第に発展していき、インド森林局が帝国各地の森林政策に及ぼす影響は拡大していったのである。

(三)　白人定住植民地への影響

熱帯植民地と比べれば、白人定住植民地の森林政策にインド森林局が及ぼした影響は、あまり大きくはなかったが、ニュージーランドは例外的なケースであった。一八七六年に森林局が設立されると、インド森林局のキャンベル・ウォーカーは、森林を調査し、森林行政組織のための案をニュージーランドの全体議会に提出するよう要請された。(44) さらに、元インド森林管理官であり、南アフリカにおける森林政策の基礎を作ったと評価されるハッチンズが一九一七年から一九二〇年にかけて行った熱心な広報活動が、第一次世界大戦後の国家規模の森林保護制度の再建に影響を及ぼした。(45)

一方オーストラリアでも、インド森林局はモデルケースと考えられ、一八八〇年代にクイーンズランド植民地政府がインド森林管理官の派遣を要請したが、交渉は成功しなかった。二〇世紀までにいわゆる森林部門や森林局とよばれる組織がクイーンズランドとニューサウスウェールズ、ヴィクトリアにつくられたが、ほとんど権限も設備もなく、実際に森林政策が機能していたとはいいがたい。(46)

しかし、二〇世紀以降、林学は発展し、オーストラリア林学校が一九一一年アデレードに設立されたとき、筆頭講師に任命されたノーマン・ジョリーは、オクスフォード大学のW・シュリッヒの下で学び、一九一〇年にオーストラリアに職を得て帰国するまで、インド森林局に勤務していた。この学校は、一九二七年にキャンベラに移転し、チャールズ・レーン゠プールが校長となったが、彼はフランスのナンシー林学校を卒業後、南アフリカ林学校で教育を受け、その後トランスヴァールの県知事として勤務した人物であった。(47) また、オーストラリアの森林管理官教育では、インド森林局長官を務めたシュリッヒの『林学入門書(*Manual of Forestry*)』が一般的な教科書として用いられた。(48) このように、間接的ではあったが、オーストラリアもインドを中心とするネットワークに含まれていたのである。

他方、カナダでは、一八八〇年代からオンタリオやケベックで森林保護部門が組織され、一八九八年には、連邦内務省内に森林政策部門とそれを監督する長官の職が設置された。カナダの林学・森林政策の発展は、アメリカの影響を強く受けており、インド森林局から森林管理官が派遣されるということはなかった。しかし、後述するアメリカと同様に、初代インド森林局長官D・ブランディスの個人的なネットワークはカナダにも及んでおり、一九〇〇年にカナダ林学協会が設立されると、インド森林局との間に活発な交流が始まった。

このように、第一次世界大戦勃発までに、イギリス帝国、特に熱帯植民地の間では、インドを中心とする緊密な森林局ネットワークが形成されていたことは明らかである。インド森林局は各植民地に森林管理官を派遣して、森林に関する行政組織や法律、森林管理方法の確立などを助けることによって、こうしたネットワークにおいて指導的役割を果たした。

三　インド―イギリス―大陸ヨーロッパの関係

これまで、インド森林局を中心とする植民地間のネットワークの形成過程を見てきたが、本国イギリスはどのように関わってくるのだろうか。この節では、インド森林管理官の教育システムを分析の対象とする。というのも、イギリス帝国内に林学が確立される過程における植民地インドと本国イギリス、さらに大陸ヨーロッパとの関係が見えてくるからである。

帝国と科学に関する研究では、本国と植民地との関係をどのように位置づけるかが問題とされてきた。ここでは、L・パイエンソンが主張するように、ある科学分野の発展は本国の科学者のイニシアティブによるものであり、植民地は単なる実験場にすぎないとする植民地科学の発展モデル[49]が、果たして妥当であるのかどうかを、イギリス帝国における林学の発展過程を事例に見ていくことにする。インド森林管理官の教育システムをめぐる議論から、イギリスとインドのどちらが林学発展のイニシアティブをとったのか、両者間の知識の流れはどのようなものであったかを明らかにし、植民地科学の発展をリードしたのは、植民地社会の要請に対応した植民地科学者の意向であったという説を裏づけたい[50]。

(一)『インディアン・フォレスター』のキャンペーン

初代インド森林局長官ブランディスは、森林管理官の志願者向けの教育システムを一八六六年から開始した。彼が考えたカリキュラムとは、植物学、地質学、自然哲学などの基礎的な教育をイギリスの大学で受けた後で、フランスやドイツの林学教育機関で林学の専門教育を受けるというものであった。このシステムは、普仏戦争の勃発によって一時中断され、その間はインド森林局創設以前にマドラス管区の森林保護官を務めたH・クレグホーン博士の指導の下、スコットランドのセント・アンドリュース大学で教育を受けていた。しかし、普仏戦争の混乱が収まると、また以前の教育システムに戻された。

このようなシステムが続いたのは、イギリスには林学を教える学問的な基盤がなかったからである。後述するように、イギリスでは、ドイツやフランスに比べ、林学や森林政策の確立がはるかに遅れていた。イングランドよりも自然科学の諸分野が学問として発達していたスコットランドの大学にさえ、独立した学問分野としての林学の講座を置くところはなく、組織的な教育もできなければ、十分な設備もなかった。セント・アンドリュース大学でも、森林管理官の教育を受け入れる力は、クレグホーン博士個人にかかっていたのである。結局、一八六七年から一八八六年の間に大陸ヨーロッパで教育を受けた九五名が、森林管理官として採用された[51]。

イギリスでは、一八七〇年代末から、こうした大陸ヨーロッパの林学教育機関への留学を前提とした森林管理官の教育システムに対する批判が持ち上がった。『林学・所領経営雑誌(*Journal of Forestry and Estate Management*)』や『スコットランド樹木栽培協会紀要(*Transactions of the Scottish Arboricultural Society*)』では、イギリス帝国の森林管理官の養成は、これまでのように大陸ヨーロッパでなく、イギリスで始められるべきだという主張が、たびたび掲載された。イギリスで森林管理官の育成を最も強力に提唱したのは、ブラウン、クレグホーン、E・G・バルフォアといった、植民地における林学の創始者と見なされる人々であり、かれらは退職後にイギリスに帰国していた。例えばバルフォア博士は、次のように主張している。

インドやその他の植民地で森林管理官制度に志願する者のために必要な教育は、もし政府がこの問題を取り上げ、スコットランド樹木栽培協会の助けを求めれば、この国〔イギリス〕で身につけることができると信じる[52]。

しかしながら、彼の意見は『インディアン・フォレスター』誌上で、インドの森林管理官に手厳しく批判された。彼は、経験豊かな植物学者ではあるけれども、林学者ではない。彼は、イギリスにおける林学教育の可能性を、進んだ大陸の教育と比較するが、実際のフランスやドイツの森林、森林政策や林学教育機関について全く無知である[53]。

また、イニシャルしか明らかにしていないが、J・Kなる森林管理官は、イギリスの植物学者はいうまでもなく、林学者と「呼ばれる」人が、インドの大規模な森林管理に従事する森林管理官制度の教育の必要性を議論しても、まったく考慮に値しないと切り捨てた。

インドの森林管理官をイギリスで教育しても、満足な結果を得られる見込みがないことを示すもう一つの証拠がある。イギリスの林学者は、樹木栽培法(arboriculture)と育林法(sylviculture)との違いを理解していないし、また、理解しようともしていない。まったく、一体どういう了見なのだろうか。イギリスにおける林業といえば、所領を管理する上で個々の木を見ていくか、小規模な植林を行うぐらいのものである。

彼は、イギリスの林学が後れている理由について、長期にわたって体系的に管理された森林がないため、イギリスの森林管理者は、これまで理論的にも実際にも、そうした管理を要求されてこなかったからだと考えていた[54]。また、当時の『インディアン・フォレスター』の編集者、B・H・ベーデン＝パウエルは、『林学・所領経営雑誌』を批評し、イギリスでの教育の限界について次のように述べている。

森林管理の原理、すなわち、さまざまな目的に応じた営林計画を準備する方法、森林にあるさまざまな用益権の査定、森林地域の区画設定、さらに、河川の流れのコントロールや土壌の保護を視野に入れた適切な森林の配置などの問題は、大規模な森林があり、実際にこうした営林計画の下に管理されている国でしか教えられない[55]。

インドの森林管理官が、イギリスで森林管理官教育を行う制度に反対したのは、インドの大規模な森林を体系的に管理するのに求められる育林法の知識や技術を、従来のイギリスの林学では教えられないと認識していたからである。かれらのなかには、自分たちインド森林管理官の方が、植民地の林学・森林政策の教育に向いていると主張する者もいた。例えば、『インディアン・フォレスター』には次のような意見が寄せられている。

林学教育機関は、インドそのものに設立した方がよいということは明らかである。インドでは、林学に関する作業の多くをすでに申し分なく教えられる。何より、森林局上層部の多くの森林管理官は、フランスやドイツで学び、多くのインド森林管理官の要求を満たすべく修正された林学の原理を完璧に教えることができる[56]。

一方、インド政庁は、森林管理官の教育制度について、『インディアン・フォレスター』誌上の森林管理官の意見と同様の見解を示した。一八七七年のインド担当大臣宛の急送公文書では、次のように述べられている。

われわれの知るところによると、イギリスの林学・森林管理は、ある種の作業に関する経験的な技術に限られている。特定の地域の土壌や気候の下では成功しているかもしれないが、イギリスには林学に関するシステムも森林科学もなく、少数の例外を除けば森林は私有地であり、フランスやドイツの国有林よりもはるかに規模も小さい。イギリスの森林で教育を受けた生徒は、たとえ最も望ましい状況にあっても、ある種の作業や経験による知識しか習得できないであろう。さらに、この種の知識は、インドでは役に立たないと思われる。[57]

この公文書に対してインド担当大臣は、現存する大陸ヨーロッパでの教育を続けることが最良であろうと認めた。[58]

（二）　林学に関する特別委員会の議論

庶民院では、ナショナル・トラストなどイギリス国内の自然保護活動に熱心であったことで知られるサー・ジョン・ラバックが、イギリスに林学教育機関を設立する必要を提唱していた。彼は、一八八四―八五年の会期中に、林学に関する特別委員会の設置を動議した。興味深いことに、特別委員会への参考人はすべて、イギリスではなく植民地の科学者であった。

ラバックは、なぜイギリスに林学教育機関が必要かについて、二つの理由を示した。第一に、イギリス国内の森林を適切に管理することができる地所管理人の育成のためである。彼は一八八三年八月二日の庶民院における演説で、イギリスの森林管理は、ほとんどの諸外国、特にフランスとドイツに比べてはるかに後れをとっていると述べ、イギリスも、他国がすでに行ってきた方法によって利益をあげるべきだと主張した。しかしながら、ラバックの警告はほとんど無視され、首相グラッドストンも、冷淡な態度を示した。なぜなら、イギリスの森林は、伝統的に利益追求のために存在してきたのではなく、その景観や娯楽、狩猟のために保たれてきたのであり、それを変える必要はないと考えたからである。彼は、もしイギリスの森林が「適切に」管理されれば、多くの利益を得ることができるという見方に懐疑的であった。(59)グラッドストンをはじめとする多くの議員や地主階級にとっては、農業を大不況から復興させるという問題の方が、より緊急の課題であった。議会や特別委員会の議論からは、イギリス国内の森林経営を改革するという問題には、ほとんど関心が払われなかったことが明らかである。

新たな林学教育機関設立を提唱するもう一つの理由は、本国ではなく、植民地の森林管理官の需要を満たすためであった。すでに指摘したように、一八八〇年代には専門的な森林管理官を求める声が帝国各地で増加していたからである。特別委員会では、植民地で森林管理官が必要とされている点に関して、キュー・ガーデンの園長ウィリアム・シスルトン゠ダイアーや、インド森林局設立以前に森林保護官を務めた、セント・アンドリュース大学のクレグホーン博士らが諮問された。特別委員会の委員長に就任したラバックは、植民地の森林管理や森林の状態を報告するのに適任の人物をキュー・ガーデンから植民地省に推薦することは可能かとシスルトン゠ダイアーに質問したが、彼はそれを否定した。シスルトン゠ダイアーは、植物学者モリスがキュー・ガーデンからジャマイカに送られたケースを挙げて、ジャマイカ植民地当局が植物学者を信頼していないため、林学に関する専門的な知識をもつ別の人物がやはり必要だという考えを示した。さらに彼は、ホンジュラス、キプロス、ケープ植民地やナタールなども、ジャマイカと同様に森林破壊に苦しんでおり、政府がそれを抑止する方策をとらなければ、乾燥化が進行し、環境はさらに悪化すると考えられると証言した。(60)

こうした植民地からは、すでに林学が発展し、森林政策で成果をあげていたインド森林局に対して、森林管理官の派遣を求めていた。ここに、インド森林局がその他の植民地の森林政策に関して重要な役割を果たしていたことを決定づける証言の一例を示そう。「インド森林局で訓練された森林管理官なくしては、植民地の森林政策の要求に応えることは事実上できないと考えているのか」というラバックの質問に対して、シスルトン゠ダイアーは、「はい。実際にこれまで植民地が森林に関連する問題について援助を必要とする場合、ずっとインド森林局に依存してきました」と答えている。(61)

しかし、インド森林局に森林管理官の派遣を求める植民地が増加するにつれて、その要請をすべて満たすことができなくなっていた。というのも、インド森林局自体が森林管理官の不足を感じていたからである。さらに、ラバックは、ヴァスロ・ド・ルニェ伯爵というフランスの森林監督官がケープ植民地へ派遣され、さらに別のフランス人P・G・マドがキプロスに派遣されたのは、林学に関する十分な知識や技術をもった適当なイギリス人が見つからなかったからであるという事実を明らかにし、植民地における森林管理官の不足を示す証拠として特別委員会に示した。こうした状況を改善するために、より多くの森林管理官を育成し、帝国各地に派遣する必要性は承認され、イギリスに新しい林学教育機関を設立することが決定されたのである。

インド森林管理官にとっては、他の植民地からの森林管理官の派遣要請は、緊急かつ切実な問題であった。かれらはイギリスに林学教育機関を設立する必要性は認めていた。しかしながら、十分な演習林もなく、林学が学問分野として確立していないイギリスで、国内向けの所領の地所管理人と一緒に、植民地の森林管理官を育成しようと計画しているのであれば、インドをはじめとする植民地の森林管理官としての職務に必要な知識や技術を身につけることはできないと考えていたのである。「かれら〔イギリスに新たな林学教育機関の設立を提唱する人々〕は、所領の森林管理人の養成に必要な教育と、インドの森林管理官のための必要条件を混同している」(62)というインド森林管理官の指摘は的を射ていたように見える。明らかに、両者に必要な教育の内容は異なっていた。

最終的には、イギリスの新たな林学教育機関は、植民地の森林管理官の養成を最優先することになった。インド森林管理官は、カリキュラムを大陸ヨーロッパの林学機関と同じラインにすること、教官は、林学教育全般を大陸ヨーロッパで習得し、インドで一〇年程度の実地経験を積んだ者から選ぶこと、教育の仕上げに一年間をヨーロッパの林学教育機関での実習に充てること、という三つの条件が満たされれば容認すると表明した(63)。

図9　クーパーズ・ヒルの林学カレッジ（王立インド工学技術カレッジ）
出典：E. P. Stebbing, *The Forests of India*, vol. 2, London, 1923.

(三)　林学教育機関の設立

こうして、一八八五年、サリー州クーパーズ・ヒルにあった王立インド工学技術カレッジに林学講座が設置された(64)。インド森林局長官であったシュリッヒをはじめ、W・R・フィッシャー、ベーデン＝パウエルなど、指導陣の多くは、インド森林局に長年勤務した森林管理官であった。また、カリキュラムは、大陸の林学教育機関とほぼ同じであるうえ、大陸ヨーロッパの林学教育機関で九か月間の実習を受けることが義務づけられた。つまり、インドの森林管理官の主張が受け入れられ、かれらが完全に教育機関運営のイニシアティブをとったのである。

一年目は、五名の生徒がクーパーズ・ヒルの林学カレッジ(図9)に入学した。入学人数は次第に増加し、一八九〇年には一七名となった。林学講座の年平均入学者数は一〇名程度で、王立インド工学技術カレッジ全体の入学者数は毎年約五〇名であったため、全体における割合は、概して二〇パーセントほどであった。[65]このカレッジは、二〇年間で一七三名の森林管理官を輩出した。そのうち一六二名がインド森林局に配属されたが、後半になると、セイロン、マレー、タイ、エジプト、スーダン、ケープ植民地、ウガンダ、ナイジェリアやオーストラリアに直接派遣される者もでてきた。[66]

一九世紀末から第一次世界大戦までの間、イギリスの林学教育機関の重要な職のほとんどは、インド森林局で長年働いた経験を持つ森林管理官に独占されていた。国内で初めて一八八七年に林学講座を設置したエディンバラ大学では、デーラ・ドゥーンの林学校で初代校長を務めたフレデリック・ベイリーが林学講師となった。一九〇五年に王立インド工学技術カレッジが閉校となったとき、その主な教授陣と生徒たちは、オクスフォード大学に新設された林学校に移ったが、そこでシュリッヒは一九二〇年まで校長の職に就いた。その後は、同じく退職したインド森林管理官R・S・トループがオクスフォード大学林学校の校長職を一九三九年まで引き継いだ。

一方、王室林の管理に関心が払われるようになったのを受けて、インド森林管理官ハリー・ヒルは、一八九七年にディーンとハイメドウの森の営林計画を準備するよう依頼された。一八九九年、別の退職したインドの森林管理官E・ポパートは、ディーンの森の主任森林官に任命され、一九〇七年には指導森林官となった。彼は、王室に雇用された初めての林学専門家といわれている。[67]このように、第一次世界大戦までのイギリスの森林政策はひじょうに限られたものであったが、退職したインドの森林管理官によって進められていった。かれらがイギリスにもたらした林学・森林政策の基盤が、大戦後の森林法の成立や、森林委員会の設置など、本格的な森林政策の開始につながっていったのである。

一方、インドでは、一八七八年にヒマラヤ山麓の高原避暑都市デーラ・ドゥーンに帝国内で初めての林学校が設立された(図10)。この学校設立の主な目的とは、インド人の森林管理官を育成することにあった。体系的な理論教育のコースは、一八八一年に開設された。一八八四年には、インド政庁によって帝国の機関の一つとなり、森林局長官は、彼自身と校長、三人の保護官、さらに森林局長官補佐から成る監督局の下、この学校の監督の義務を負うことになった。学校には、二つのコースが設置された。一つは、森林監視官育成を目的として、授業が英語で行われるものであった。もう一つは、森林監視官より下位の森林警備官などに資格証明書を与えるための授業で、現地語で行われるものであった。[68] 前者は、林学校に並置する演習林で八か月間実習を行う一方で、数学、自然科学、林学などの分野の理論を四か月間学ぶことが必要とされた。[69]

図10　帝国林学校（デーラ・ドゥーン，インド）
出典：E. P. Stebbing, *The Forests of India*, vol. 2, London, 1923.

さらに、一九〇六年には研究部門が並置され、帝国森林研究所・カレッジ(Imperial Forest Research Institute and College)と名称も変更された。また、一九一二年には、州部門のために、新たに二年間のコースが設定された(図11)。一九二六年以降は、インドの森林管理官はすべてここで養成されることに決まった。帝国森林研究所は、二〇世紀はじめには、研究所かつ森林管理官養成機関として、イギリス帝国内で傑出した存在となっていった。

(四)　植民地林学のイニシアティブ

これまで示してきたように、林学に関するかぎり、少なくとも一九二〇

図11　インド森林局州部門志願者向けの学生宿舎（帝国森林研究所・カレッジ，デーラ・ドゥーン）

出典：E. P. Stebbing, *The Forests of India*, vol. 3, London, 1926.

年頃までは、インドの森林管理官が主導権を握り、知識の流れも植民地インドから本国イギリスへ向かっていたことは明らかである。イギリス帝国において、林学を確立するのに積極的な役割を果たしたのは、植民地インドの森林管理官であった。近年、植民地科学史の分野では、首都の圧倒的立場とは逆に植民地の役割に関心が寄せられはじめているが、林学は、この見方に最もあてはまる。

なぜ植民地インドの方が早くから林学・森林政策が確立したのかについては、地理的・政治的条件から説明できる。第一に、インドでは、大規模な森林が森林局の管理下にあり、長期的に安定した財源を確保し、土地や気候の乾燥化を防ぐという政策上の意義をもったが、イギリスでは、すでに述べたように、政府にとって森林は重要なものではなく、林学研究の必要性も感じられていなかった。

第二に、より重要な点であるが、インドでは、本国よりも早くにプロフェッショナルな科学官僚制が確立した。インド高等文官と同様に、森林管理官は、強大な権限を行使することを許された植民地官僚集団であり、本国と比べ、立法府から厳しい監視や干渉を受けずにすみ、森林政策に反対する世論にあって活動を制限されることもなかった。[70] インド森林局は、当時世界最大規模を誇り、その組織力を基盤に、植民地の森林政策を強力に押し進める力を持っていたといえよう。

四　帝国を越えたネットワーク

（一）大陸ヨーロッパとの関係

この節では、帝国と科学との関係をめぐるもうひとつの議論、すなわち、植民地科学者の自律性と帝国という枠組みを越えた国際的ネットワークに関わる問題について考察する。インドにおける林学・森林政策の確立に大陸ヨーロッパの林学が与えた影響を検討し、植民地インドが大陸ヨーロッパにも開かれた空間であったことを明らかにしていきたい。

すでに指摘したように、インドの森林管理官の教育制度は、大陸ヨーロッパの林学教育機関を模範としたものであった。ドイツでは、一八世紀末にはプロイセンやバイエルンなどで林学教育機関が設立されるようになっていた。一九世紀初頭になると、フライブルク、テュービンゲン、ギーセン、ベルリン大学などで専門的な高等教育が始まり、ドイツ諸領邦に設立された森林局に勤務する森林管理官を養成するための機関は、次第にドイツ全土に普及していったのである。(71)

フランスでは、一八二四年、ナンシーに国立高等専門大学の一つとして林学教育機関が設立された。このナンシー林学校は、一八二〇年に設立された森林局で森林政策に携わる上級官吏の育成を目的としていた。(72)こうした林学教育機関は、外国からの学生も多数受け入れていた。インド森林管理官の志願者も、王立インド工学技術カレッジに林学講座が設置される一八八五年までは、フランスやドイツで専門教育を受け、その後も教育の仕上げとして大陸ヨーロッパの林学教育機関で九か月間学ぶことが一般的であった。このように、インドの森林管理官は、教育の過程で大陸ヨーロッパの林学ソサエティと接触をもつ機会が豊富に与えられていたのである。

フランス人やドイツ人がインドをはじめイギリス帝国内の森林局に勤務するケースもあった。なかでも、森林政策の創成期に、ドイツ人の森林管理官が三人続けてインド森林局長官の座に就いたことはよく知られている。ブランディスは一八六四年に初代森林局長官に任命され、一八八三年までその任にあった。シュリッヒが彼の座を次ぎ、一八八八年まで森林局長官を務めた。彼の跡を引き継いだB・リッベントロップは、その後一五年間にわたって、森林局長官の地位にあった。かれらは、営林計画や長期的輪伐、持続的産出などに関する大陸ヨーロッパ、特にドイツの育林法をインドに取り入れた。さらに、森林行政を確立し、森林管理官志願者の教育システムを整え、森林からの歳入を年々増加させるなど、多くの功績を残した。かれらが森林局長官を務めていた時代に、インド全体の森林政策の基盤が築かれたといえるだろう。

かれらは、インド森林局を退職後もイギリス帝国内の林学・森林政策に影響を持ち続けた。ブランディスは、イギリス初の林学教育機関として王立インド工学技術カレッジに林学講座が設置される際には、アドバイザーとして貢献した。また、彼は、森林管理官およびその志願者がドイツに研修に訪れたときには面倒を見るなど、イギリスとドイツの間で有力な橋渡し役となった。すでに述べたように、シュリッヒは一九二五年にこの世を去るまで、イギリスの林学教育機関で森林管理官の育成に貢献した。

このように、ドイツやフランスの科学者がイギリス帝国のアカデミック・ネットワークに迎えられるのは、決して珍しいことではなかった。かれらは単に受け入れられただけでなく、その業績を高く評価されていたとU・キルヒベルガーは論じている。(73) イギリスには林学を教える学問的な基盤がなかったため、大陸ヨーロッパからきた林学専門家に頼らざるを得なかったという理由はあれ、イギリスと大陸ヨーロッパの間でこうした協力体制が整えられたという点は重要である。

キルヒベルガーは、インド森林局で活躍したドイツ人科学者を取り上げ、イギリスとドイツの科学者の関係を考察しているが、ドイツの海外進出が始まった一八八〇年代以降にドイツとイギリスの政治的関係が悪化しても、インドにおける両国の科学者の協力体制は変わらなかったと指摘している(74)。もちろん第一次世界大戦で両者の関係は中断されたが、例えばシュリッヒは、大戦後もイギリス帝国林学において戦前とかわらない影響力を維持した。大戦後も林学ソサエティのなかでは、ドイツ人科学者に対する差別は見られなかった。このように、科学者は帝国間の政治、経済的利害から、少なくともある程度は自由であったといえよう。こうした科学の自律性が、場合によっては大戦中も続いた国際的な協力体制を容易にしたのである。

(二)　アメリカとの関係

最後にアメリカとの関係について言及しておこう。アメリカでは、一八八六年に農務省内に森林課が設置され、B・E・フェルノウが課長に任命された。彼が一八九八年に退職すると、ギフォード・ピンショーが後を継ぎ、課長に就任した。二〇世紀に入ると、セオドア・ルーズベルト大統領の熱心な支援をうけ、一九〇四年に農務省森林課は農務省から独立した部門となり、翌年に森林局となった。この変革によって、連邦規模での森林政策が完全に確立し、国家による森林管理の基盤がかたちづくられたといってよいだろう。専門的な森林管理官を育成する機関としては、一八九八年に、フェルノウが国内で初めてニューヨーク州立林学カレッジを設立した。翌年には、イェール大学内に林学校が開校され、一九〇三年には、ミシガン大学も林学専門の学部をもつようになった。

フェルノウやピンショーといった、アメリカにおける森林政策の創始者たちは、ブランディスと親交があったことが近年の研究から明らかになっている。ブランディスは、初代インド森林局長官を退職した後、一八八八年から一八九六年にかけてキュー・ガーデンに勤務し、森林管理官の養成を監督した。この期間に、ピンショーをはじめアメリカ林学の創始者たちは、ブランディスの下で学び、強い影響を受けたとされる(75)。フィル・マクマナスは、ピンショーやブランディスなど、各地の指導的な森林管理官の間の交流を通じて、ヨーロッパ、インド、北アメリカ、オーストラリアをつなぐネットワークが存在したと主張している(76)。

ブランディスの個人的なネットワークとは別に、『インディアン・フォレスター』は、一八八〇年代からアメリカの森林政策について報告しはじめた。二〇世紀初頭にアメリカで本格的な森林研究が始まると、インドの森林管理官は、アメリカの林学にいっそう関心を向けるようになった。他方、アメリカの林学雑誌においても、インドにおける林学・森林政策の発展が紹介されており、なかには「インドの森林政策は、おそらく世界中で最も優秀である」と評価するものもあった(77)。このようなインドとアメリカとの関係は、二〇世紀以降、ますます密接になった(78)。V・K・サベルワルのように、二〇世紀以降のインドの林学にとって、より強い影響力があったのは、ヨーロッパよりもアメリカであると論じる研究者もいる(79)。

インド森林局がネットワークを確立していたのは、ヨーロッパやアメリカだけではなかった。フランス領アルジェリアの森林局とは、森林に居住する先住部族への対策や、乾燥化対策に関する情報交換を行っていた。インドシナについては、地理的状況がインドと類似すると考えられ、インドの森林政策を模範とするために、情報の提供を求められた(80)。また、ドイツ領東アフリカやカメルーン、ニューギニアで森林政策が始まると、前森林局長官であったブランディスをはじめ、代々の森林局長官は、インディアン・バンブーやチークの種苗を送り、その植林方法などを指導して、ドイツ植民地の森林政策を助けた。ここでもやはり、インド森林局の経験は、新たに設立された熱帯植民地にきわめて有益であると考えられていた[81]。

他方、アメリカ領フィリピンでは、一九〇一年に森林局を準備する際、その長官に任命されたジョージ・アハーンがインドのデーラ・ドゥーンを訪れ、インド森林局から三、四名の森林管理官を派遣するよう要請した。インド森林局が、フィリピンに新しく設立される森林局のモデルとなると考えられたためである。この要請に対し、インド森林局は、退職した森林管理官を派遣した。また、前年に森林局長官を退職していたリッベントロップは、フィリピン森林局の設立にあたり、顧問となることを承諾した[82]。このように、インド森林局は、これら欧米の熱帯植民地に関しても、イギリス帝国植民地と同様に、指導的な役割を果たしていたのである。

本章では、インド森林局を中心とするイギリス帝国内のネットワークとともに、大陸ヨーロッパやその植民地、アメリカとの関係も明らかにしてきた。帝国という枠組みを越えた森林局ネットワークは、森林管理官の環境保護に関する意見を交換し、共有するのに、重要な働きをしたと考えられる。こうした国際的な関係は、第六章で論じる環境保護主義の世界規模での広がりを理解する助けとなるであろう。

第四章　植民地の環境保護主義

一　植民地の環境保護主義と乾燥化理論

この章では、インド森林管理官の議論を分析することによって、一九世紀後半から第一次世界大戦までに確立した植民地の環境保護主義とはいかなるものであったかを明らかにすることを目的とする。かれらは、植民地行政機構内の土地政策をめぐる対立のなかで優位に立ち、また、森林政策に対する現地住民からの反発に対抗するために、イギリス帝国内で着手されたばかりの森林政策の重要性を強く政府に主張する必要があった。かれらが示した森林保護の意義のなかに、植民地の環境保護主義を見出すことができる。

従来の研究では、植民地における森林保護の動機として、森林資源の持続的管理という観点を挙げるものがほとんどであった。例えばR・ラジャンは、森林が土地や気候に及ぼす影響は、政府による森林管理の動機としては二次的なものであり、資源管理こそが森林管理官にとって最も有力な原理であったと主張している(1)。ところが、彼は、大陸ヨーロッパとインドとの関係をみるとき、ヨーロッパからの影響力を過大評価しており、植民地のコンテクストを考慮に入れていない。二〇世紀以降、インドの森林管理官は、熱帯植民地特有の問題に焦点を当てた「熱帯林学」を追求しはじめ、その成果を世界に発信しはじめたが、この過程には、森林破壊と乾燥化との関連をめぐる議論が重要な役割を果たしていた。こうしたインド独自の林学の展開を見落とせば、植民地の環境保護主義の特質を見落とすことになる。

他方で、R・グロウヴ、V・K・サベルワル、W・バイナートのように、植民地の環境保護の動機として、「乾燥化理論(desiccation theory)」を重視する者がでてきており、植民地の環境保護主義のあり方に新たな解釈が加えられている。「乾燥化理論」とは、森林破壊と、水源の枯渇、土壌浸食や洪水の増加など水・土壌保全機能の低下、さらには降雨量の減少、気温の上昇によって、土地や気候が乾燥化する傾向とを結びつける考え方である[2]。

実は、乾燥化に関わる言説は、古代ギリシアにまで遡ることができる。アリストテレスの弟子で植物学の祖といわれるテオフラストス(前三七二—二八八年)は、森林破壊が気候変化を引き起こすと指摘した最初の人物であった。グロウヴは、こうした森林枯渇と土壌浸食、気候の悪化を結びつける考え方が一七世紀までに、ヨーロッパ人の間でリバイバルしはじめたと主張している[3]。彼は、乾燥化という考え方に対する関心を増大させた要因として、植民地となった熱帯の島々での経験や観察を最も重要なものと位置づけている[4]。つまり、ヨーロッパ人の侵入が引き起こした自然破壊が、あまりにも短期間のうちに大規模に進んだため、閉じられた空間における森林破壊の及ぼす影響を認識するにいたったというのである。彼によると、一八世紀半ばまで、乾燥化は地域的な現象と考えられ、乾燥化対策としての森林保護も成功しなかった。しかし、一九世紀前半までに、アレクサンダー・フォン・フンボルトをはじめとする科学者によって、世界規模で観察結果が交換され、統合されて、人間が熱帯環境に及ぼすインパクトが普遍化され、科学的理論として確立したと結論づけている[5]。

確かに、一九世紀前半までに、森林破壊と気候や土壌条件の悪化との関連が指摘されていたことは事実である。第二章で取り上げたインド林学の父と評される植民地科学者たちも、乾燥化の問題に言及していた。しかし、森林枯渇と乾燥化を結びつける考え方が科学的理論として確立したとするのは時期尚早であろう。乾燥化というパラダイムの根幹をなす、人間が環境を破壊するという潜在能力に対する恐れは、グロウヴが取り上げた一九世紀前半の科学者の議論に見出せる。しかし、バイナートやサベルワルが指摘するように、乾燥化の問題を科学的に解明しようとする試みが本格的に始まったのは、一九世紀後半以降のことである。(6)

また、一九世紀前半の段階では、グロウヴが主張するほど乾燥化理論は広く受け入れられていなかった。多くの科学者や行政官にとって森林破壊と土壌浸食や気候変化との因果関係は、科学的に証明されたとは認識されていなかったのである。かれらの乾燥化理論の信憑性に対する批判に応える形で、森林破壊の影響の科学的精査が始まり、乾燥化理論の影響力が強まった、一九世紀後半以降の展開を追うことがより重要である。

グロウヴの主な関心は、植民地における乾燥化に関する議論の起源の発見にあり、一九世紀後半以降の展開については十分な分析を行っていない。ただ、今日の「砂漠化(desertification)」(7)をめぐる議論までの連続性を示唆しているのみである。彼は、ヨーロッパ人によって植民地化された熱帯の島々で生まれた環境認識が今日のグローバルな環境保護主義の起源だと主張するが、同時に当時のヨーロッパでは、乾燥化の問題にはほとんど関心は払われなかったとも述べている。それでは、なぜ、またいかにして、ヨーロッパでも同様の危機意識が広がったのかという問題を論じなければ、今日のグローバルな環境保護主義とのつながりを示すことができないのではないか。

さらに、「熱帯」環境に対する危機意識がそれ以外の地域でも普遍化する過程についても、説明がなされていない。こうした点を明らかにするためには、一九世紀後半以降の森林管理官による議論の展開を考察することが、必要不可欠なのである。

一方、サベルワルは、二〇世紀初頭から、インドの森林政策のなかで乾燥化の問題が資源の持続的管理より重要なファクターとなったという説を展開している。彼によれば、一九三〇年代以降、乾燥化の言説は科学的根拠が十分に示されないまま、インドの森林管理官によって警告的な環境保護主義の根拠として多用されたという。彼は、インドの森林管理官の間で、乾燥化をめぐる議論から多様性がなくなり、森林が枯渇すれば自然災害が多発するという均質な単純化された環境保護主義が蔓延するようになったと指摘するが、その要因として、インド森林局設立当初から存在した収税局との対立と現地住民の反抗を挙げるのみである(8)。

もちろん彼の指摘は、ローカルな要因として重要ではあるが、これだけでは、大戦間期に乾燥化理論がインドばかりでなく、イギリス帝国で、さらに世界でも環境保護主義を支える根拠としての力を持ちはじめたのはなぜかを説明できないのである。本書では、第二次世界大戦までに乾燥化理論が普遍化していく過程を追い、ヨーロッパ人の間にグローバルな環境に対する危機意識がいかに普及していったかを解き明かすことにしたい。

この章では、インドの森林管理官が提唱した環境保護主義のなかでも、資源管理という側面よりは乾燥化理論の展開について、より強い関心をもってみていく。というのも、植民地の環境保護主義における後者の重要性は、まだ十分に明らかにされてこなかったからである。環境保護主義がいかにして植民地で展開したかを理解するためには、資源の持続的活用との関連とともに、乾燥化理論が確立する過程にもっと注意を向けなければならない。さらに、植民地で成立した環境保護主義が今日のグローバルな環境保護主義にいかなるインパクトを及ぼしたかを考えるとき、乾燥化をめぐる議論はきわめて重要な意味を持つのである。

はじめに、一九世紀末のインドで乾燥化理論が展開するプロセスを追う。次に、なぜ森林政策にとって乾燥化理論が重要であったのかについて考察していく。章の後半では、二〇世紀以降インドの森林管理官が追及しはじめた「熱帯林学」と「科学的林学」との関連において、乾燥化理論の展開に注目していきたい。

二　一九世紀末における乾燥化理論の展開

（一）森林の直接的有用性と間接的有用性

インド森林管理官は、森林政策の重要性として、次の二点を挙げた。一つは政府による森林資源の持続的な管理である。かれらは、適切な森林管理によって木材や燃料などの森林生産物が持続的に産出されれば、政府所有林は長期的に安定した財源となり、国家経済に必要不可欠であると主張した。

森林保護のもう一つの根拠は、環境の安定化であった。かれらは、森林が大気や土壌の温度、湿度に及ぼす影響、治水機能、水源涵養機能によって、土壌浸食、洪水、旱魃やその結果生じる飢饉を防ぐことができるという利点を示した。D・ブランディス、W・シュリッヒ、B・H・ベーデン＝パウエルといった主要な森林管理官たちは、前者を「直接的な森林の有用性」、後者を「間接的な森林の有用性」と呼んだ。

森林局の一八七二―七三年の行政報告書では、ベーデン＝パウエルが間接的な森林の有用性について次のように述べている。

われわれが、森林を単に多くの木の集合体として捉えてはこなかった点を心に留めておくことが重要である。森林は全体として自然の有機体と考えられるべきで、そこに生息するもの、木や空気、下草、土壌など森林を構成するものを考慮しなければならない。森林には雨を配分する働きがある。水分を集め、水滴として徐々に放出するなどして、水分を減らすことなく、たくさんの量を再蒸発させるのである。この作用によって、特に熱帯に多い豪雨のインパクトを弱め、激流の発生や地滑りを防ぐ。(9)

従来の研究では、森林の直接的有用性を森林政策の動機として重視し、間接的有用性については、ほとんど目が向けられてこなかった。しかし、森林管理官の入門書として世界的に利用されたシュリッヒの『林学入門書』[10]の第一巻の冒頭部分では、二つの有用性は同様に重要であると認識されていたのである。ただ、森林の直接的有用性が誰の目にも明らかなのに対し、森林が土壌や気候に及ぼす影響への評価は、科学者や行政官の間でも分かれていた。このなかでインド森林管理官は、森林と気候、土壌との関係性を森林の間接的有用性として提唱する専門集団となっていたのである。

一八七五年、インド政庁ならびに各州政庁から森林管理官やその他の行政官を集めて開催された第二回森林会議では、森林政策上の諸問題が話し合われた。そのなかで、資源管理とともに、森林が水源の保持や河川管理、降雨量の増加に重要であるという報告がなされている[11]。しかしながら、どのように、またどの程度、森林が土地や気候の乾燥化に影響するのかについては今後の調査が必要であると結論づけられた。森林破壊と乾燥化を関連づける森林管理官の主張に対して、森林局以外の行政当局からは、両者を結ぶ直接的な因果関係の欠落を指摘する声が絶えなかった。例えば、北西州の農務局長バックは次のように批判している。

木々には気温を低下させ、湿度を上昇させる強力な働きがあり、国中に森林を育成することによって、乾燥や熱に悩むこの国の状況が改善されるということが、自明の理として認められているかもしれない。……しかし、問題は、テライ[12]の密林地帯やヒマラヤ山脈の鬱蒼と茂った森林が、ドアーブの乾燥した気候を緩和するか、また、飢饉が頻発するブンデールカンド平原[13]に雨を降らせるか、ということである。北の国境沿いの山脈の緑の縁〔ヒマラヤ山脈の森林地帯を指す〕が、その南に広がる平野全体の気候に影響を及ぼすのか、その影響を評価するには間接的すぎる[14]。

彼の見方に対して、『インディアン・フォレスター』に投稿した匿名の森林管理官Ｊ・Ｋは、南側の平野の乾燥化は、すべてではないにせよ、主にヒマラヤ山麓の森林破壊によるものだという見解を示した。バックはガンジス川の支流ガガラ川ぞいの平野が干上がった別の例にも言及していたが、これについても、シワリク丘陵にある高原避暑都市シムラの下方に広がる丘陵の環境悪化によって引き起こされたとし、この地域に近年おこった飢饉も関連すると主張した。彼は森林と大気中の水蒸気との関係についてはいまさら言明するまでもなく、斜面が森林で覆われていない限り、集水域は縮小し、それに依存する貯水池の水は涸れるであろうと述べた[15]。

こうした森林管理官の主張では、ヒマラヤの森林破壊の事実と、下流の水源の枯渇や洪水という事実を挙げ、その関連は自明のこととしているが、両者の因果関係は科学的に証明されていない。かれらの主張の根拠は、インド森林管理官をはじめ、行政官の観察や現地住民の証言に基づくものであり、科学的実験やデータの集積によって立証されたものではなかった。バックが示したような不信感を払拭し、乾燥化理論の信憑性を高めるためには、ヨーロッパで始まっていた科学的な研究を参照して、インドでも森林と乾燥化との因果関係を示す研究を始める必要があった。

（二）　ヨーロッパにおける研究

インドの森林管理官は、ヨーロッパでの乾燥化理論に関する研究動向に強い関心を寄せており、『インディアン・フォレスター』では、最新の研究結果が常に紹介されていた[16]。森林破壊と土壌浸食や洪水の増加、あるいは河川の流量や降雨量の減少との関係を科学的に立証しようとする試みは、大陸ヨーロッパでも、一八六〇年代末から始まったばかりであった。ドイツやフランス、スイス、オーストリア、ロシアなどでは、二箇所以上の観測所を設置し、森林の内外で比較研究を行うという手法をとった。標高や土壌など、森林の有無以外の諸条件を可能な限り統一するため、森林内と、森林の外延から一定距離の離れた裸地内で、大気や地中の温度、湿度、降雨量などが比べられた。例えば、森林の内外で地表に到達する雨量を比較したり、林床と裸地の水の吸収率を比較して、森林が水源の保持や河川コントロール、土壌浸食の抑止に果たす役割を測ろうとした。特に、森林が降雨量に及ぼすインパクトはあるのか否か、またあるとすればどの程度なのかという問題は、世界の森林管理官の間で議論を呼ぶ問題となった。しかし、森林が大気の温度や湿度に及ぼす影響が降雨量の増加につながるのかについては、この段階の実験では、明確な結果を出すことはできなかった。[17]

このように、乾燥化理論については、ヨーロッパの伝統林学も、きわめて限られた程度しか、そのメカニズムを理解していなかった。これは、持続的な資源管理を可能にするための育林理論や技術が、ヨーロッパの伝統林学において、すでに発展していたことと対照的である。森林政策に着手するにあたって、インドの森林管理官は、フランスやドイツで既に確立していたヨーロッパの伝統的な育林法に頼ることが多かった。しかし、インドにおける乾燥化理論の展開については、育林法の導入とは別の視点から見るべきであろう。というのは、インドの林学は、乾燥化理論の確立に、より重大な貢献をしたと考えられるからである。

（三）インドにおける研究の開始

インド森林管理官は、一八八〇年代になると、ヨーロッパにおける実験手法をインドでも適用しようとする試みを始めた。かれらは、インドにおける研究が、森林と気候との関連の解明に重要な結果をもたらすだろうと期待した。なぜなら、季節によって降水の配分が劇的に変化するというインドのような熱帯気候の方が、森林がおよぼす影響が、より顕著にみられるはずと考えられたからである。[18]

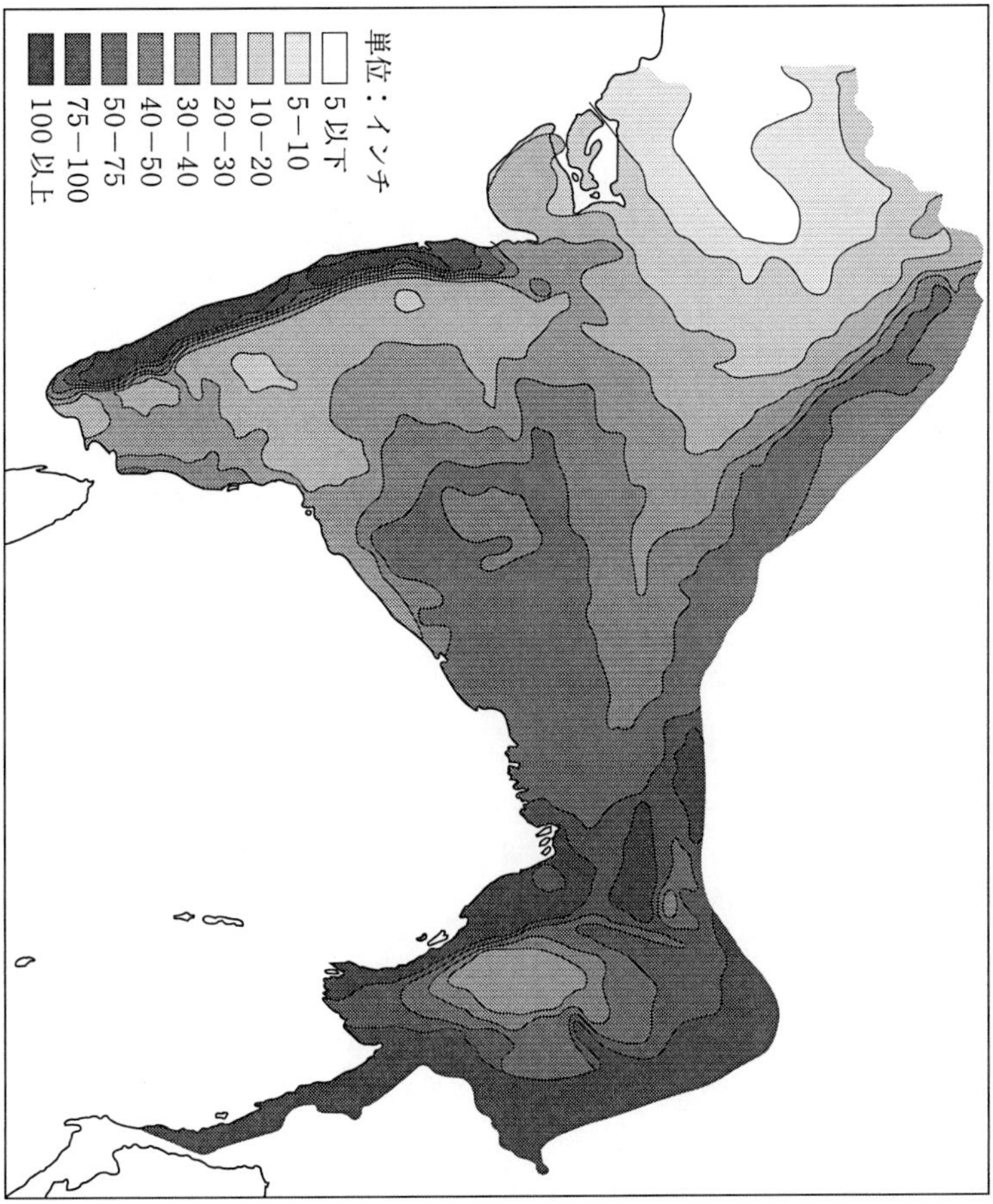

図12　インドの平均年間降雨量
出典：R. S. Troup, *The Sylviculture of Indian Trees*, vol. 1, Oxford, 1921より作成.

表 2　雨期の降雨量（ボンベイ市）

1817～1831		1832～1846		1847～1861		1862～1876	
年	インチ	年	インチ	年	インチ	年	インチ
1817	103.60	1832	74.09	1847	67.31	1862	76.56
1818	81.14	1833	71.39	1848	73.42	1863	80.33
1819	77.96	1834	70.47	1849	118.88	1864	56.60
1820	77.34	1835	62.61	1850	51.15	1865	73.46
1821	82.59	1836	87.99	1851	106.14	1866	92.39
1822	112.22	1837	64.58	1852	75.46	1867	73.57
1823	61.70	1838	50.78	1853	69.65	1868	78.43
1824	33.97	1839	73.62	1854	89.79	1869	115.39
1825	72.24	1840	63.15	1855	35.10	1870	81.06
1826	78.17	1841	71.49	1856	71.08	1871	47.20
1827	81.03	1842	95.16	1857	79.23	1872	87.61
1828	121.98	1843	59.27	1858	61.90	1873	87.42
1829	65.65	1844	65.40	1859	81.84	1874	93.56
1830	71.89	1845	54.73	1860	74.65	1875	88.08
1831	101.83	1846	87.48	1861	106.08	1876	58.93
総計	1,223.31	—	1,052.21	—	1,161.68	—	1,190.59
平均	81.55	—	70.14	—	77.44	—	79.37

出典：'Influence exercised by Trees on the Climate and Productiveness of the Peninsula of India', *Indian Forester*, 4, 1878, p.130.

インドの降雨量（図12）については、一九世紀末以前に集められたデータもいくつかあった。マラバールの収税官H・V・コノリーは、一八一〇年から一八四七年までの間、マラバールにおける降雨量の記録をつけていた。このデータからは、三八年間のうちにジャングルの大規模な伐採が進行したにもかかわらず、降雨量が減少していなかったことが明らかとなった。[19] ボンベイ（表2）とマドラス（表3）においても、一八一〇年代から一八七六年までの降雨量の記録が残っていたが、どちらも降雨量の減少を示すものではなかった。[20] それでも森林管理官は、降雨量の記録方法が不確実であると主張し、旱魃やその結果生じる飢饉は、過度の放牧や移動耕作による山火事が引き起こす森林枯渇のせいであると述べた。かれらは、「数十年前と比べて雨が降らなくなった」という行政官や現地住民の証言によって、自分たちの主張を正当化したが、こうした森林管理官の見解は、科学的事実に基づかないとして、きびしい批判にさらされた。そのため、森林枯渇と降雨量の減少との厳密な関連性を「科学的」に証明する試みが始まったのである。[21]

森林管理官は、森林と気候との関連性の解明に役立つと期待して、一八七八年に気象局長H・F・ブランフォードに対し、協力を依頼した。彼は、「ダーヤ(dahya)」と呼ばれる移動耕作、すなわち耕作するために野焼きして森林を一掃し、毎年場所を変えるため、大規模な森林を破壊すると考えられた農法が、一八七五年に禁止された中央州を調査区域に選んだ。その地域と、中央州に囲まれる形で存在した、「ダーヤ」が禁止されていない藩王国の双方で、一八七五年を境に前後一〇年間の年間平均降雨量を比較した(表4)。

表 3　マドラス市の降雨量

1813～1828		1829～1844		1845～1860		1861～1876	
年	インチ	年	インチ	年	インチ	年	インチ
1813	45.11	1829	36.87	1845	38.05	1861	37.19
1814	32.41	1830	32.43	1846	79.81	1862	38.18
1815	56.00	1831	44.35	1847	80.99	1863	54.61
1816	41.16	1832	18.45	1848	54.76	1864	47.23
1817	63.56	1833	37.11	1849	39.81	1865	41.64
1818	76.25	1834	39.00	1850	36.88	1866	51.39
1819	36.33	1835	41.47	1851	64.32	1867	24.37
1820	70.01	1836	44.76	1852	72.69	1868	41.43
1821	47.13	1837	49.26	1853	35.82	1869	32.31
1822	59.61	1838	52.33	1854	43.20	1870	74.10
1823	26.62	1839	53.07	1855	32.32	1871	56.35
1824	33.72	1840	58.65	1856	46.99	1872	73.67
1825	56.05	1841	58.32	1857	52.95	1873	51.83
1826	60.73	1842	36.48	1858	48.50	1874	62.90
1827	88.41	1843	50.28	1859	55.14	1875	37.12
1828	37.89	1844	65.36	1860	27.64	1876	21.49
総計	830.99	—	718.19	—	809.87	—	745.81
平均	51.53	—	44.88	—	50.61	—	46.61

出典：'Influence exercised by Trees on the Climate and Productiveness of the Peninsula of India', *Indian Forester*, 4, 1878, p.131.

「ダーヤ」が禁止された地域では、年間平均降雨量が一〇年間で六・八一インチ増加した。逆に禁止されていない地域周辺では、二・九四インチ減少した。この対比は十分に顕著であったが、彼は、この数字は、両者の差が森林保護の有無によるとする見方に好意的な一定の推測を提供したにすぎないと断言した。その理由として、第一に、一八七五年までの一〇年間のデータは、一八七五年以降のデータに比べて信頼性が薄く、誤差が極端な場合、降雨量の上昇分はなくなってしまう可能性があると指摘した。第二に、降雨量は、モンスーンによっておおいに影響を受けるため、モンスーンのコースによって該当地域、該当期間の降

表4 ダーヤ（移動耕作）禁止が平均降雨量に及ぼした影響の比較

観測地点	ダーヤ実施中 期間	ダーヤ実施中 降雨量	ダーヤ禁止後 期間	ダーヤ禁止後 降雨量	増加量（単位：インチ）
A．1875年にダーヤが禁止された地域					
バードヌル	1867-75	39.83	1876-85	47.83	+8.00
チンドワーラ	1865-75	41.43	1876-85	48.48	+7.05
セオーニ	1865-75	52.07	1876-85	54.76	+2.69
マンドラー	1867-75	53.58	1876-85	56.32	+2.74
ブラー	1867-75	64.51	1876-85	71.65	+7.14
ビラースプル	1865-75	41.85	1876-85	54.81	+12.96
サンバールプル	1867-75	54.80	1876-85	67.93	+13.13
ダームタリ	1867-75	48.83	1876-85	46.90	−1.93
バンダーラ	1867-75	49.90	1876-85	57.79	+7.89
ナーグプル	1866-75	41.54	1876-85	51.85	+10.31
ワルダ	1866-75	36.10	1876-85	46.63	+10.53
ブラマプリ	1867-75	53.95	1876-85	57.48	+3.53
チャーンダ	1866-75	47.14	1876-85	54.29	+7.15
シロンチャ	1867-75	44.17	1876-85	48.38	+4.21
				平均値	+6.81
B．ダーヤが禁止されなかった地域					
サーガル	1866-75	55.97	1876-85	40.62	−15.35
ダモー	1867-75	54.76	1876-85	46.82	−7.94
ジャバルプル	1866-75	60.66	1876-85	56.28	−4.38
ナルシンハプル	1866-75	55.46	1876-85	50.40	−5.06
ホシャンガバード	1866-75	47.08	1876-85	57.73	+10.65
カンドワ	1867-75	34.74	1876-85	33.32	−1.42
ライプル	1866-75	51.59	1876-85	54.57	+2.92
				平均値	−2.94

出典：H. F. Branford, 'Influence of Forests on Rainfall', *Indian Meterological Memoirs,* 3, p.138.

雨量が左右されると述べた。彼は、こうした結果がそれ自体で森林保護の影響を肯定する証明にはならないと保留しながらも、次のように結論づけた。

科学的実証という要請を満たす例を挙げることはできないが、得られたデータは一様に森林の存在が降雨量を増加させるという見方を肯定する傾向にある。第一に、森林は土壌を保護することにより、水分の貯蔵に役立つ。その結果、一定の蒸発を保ち続ける。第二に、風の動きを阻止することにより、大気中に気化した蒸気が拡散するのを妨げ、大気が安定した状態を作り出す。こうしたことは、気流を上昇させ、地域的な降雨に結びつきやすい[22]。ブランフォードをはじめ気象学者の多くは、森林の影響は、降雨量を増加させるのに好都合な多くの複合的な影響のうちの一つと考えていた。

気象学者とは対照的に、森林管理官は、この気象データを、特定の地域の森林保護によって年間平均降雨量が増加したというかれらの主張を立証するのに繰り返し用いた。森林局長官ブランディスは、『インディアン・フォレスター』誌上でブランフォードによるインド気象局の一八八五年次報告書を引用し、ブランフォードがいうように、確かな結論を導き出すためにはさらなる観察が必要だと認めながらも、森林の重要性は、旱魃や飢饉に苦しむ農民を救うことができる点にあると自信を持って断言している[23]。

三　インドの土地政策と乾燥化理論

(一)　森林政策の正当化

この節では、乾燥化理論の展開とインドの社会状況がどのように関連していたのかを明らかにしていく。サベルワルは、ヒマーチャル・プラデーシュ森林局を例に、森林政策が、土地利用に関連する行政局間に生じる政治的圧力に影響されていたと主張する[24]。彼が示すように、森林政策が形成される過程のダイナミクスを理解するためには、森林局が収税局や土木事業局、政府、現地社会とどのような関係をもっていたのか、また、乾燥化理論は植民地における森林局の地位を確保するのにどのように機能したのかを考慮しなければならない。

つまるところ、すべての植民地官僚にとって第一の関心は、植民地支配を維持するために、植民地社会を安定させることにあった。しかしながら、かれらの間には、意見の不一致や衝突もあった。森林管理官は、他の行政官や政府全体の姿勢をしばしば批判した。なぜ森林に関してこうした衝突が頻発したのだろうか。

まず、森林の有用性が、社会全体にまだ認識されていなかったことが理由として挙げられる。林学は、イギリス帝国のなかでは新しい分野であると同時に、林学・森林政策を確立し、満足のいく結果を示すには、長い時間を必要とした。これに対し、多くの人々の態度は肯定的なものとはいえなかった。森林管理官の言説には、インドを支配する政府についても、支配される人々についても、「自分自身の目先の利益という近視眼的な考えに眩惑されている」と非難するものが多く見られる。

次に、森林を保護するということは、農地や牧草地のための土地の開拓を妨げるということであった。土地利用は、植民地政策のなかで最も重要な問題の一つであるため、森林局と収税局の間の衝突は避けられないものであった。さらに、森林局は、過剰な放牧を問題視し、現地住民の森林への出入りを禁じたり、制限したりした。これも、森林局と現地住民や収税官との軋轢を生む原因となったのである。

『インディアン・フォレスター』誌上では、こうした政策をめぐる森林管理官と他の行政官との間の意見の相違が見られる。森林管理官は、収税官の森林政策に対する無関心な態度や、国の繁栄における森林保護の重要性を軽視する見方を、しばしば批判した。ベーデン゠パウエルによれば、収税官の態度こそが、近視眼的で自己中心的な現地住民の不評や敵意を助長するものであった[25]。

森林管理官と収税局など他局の行政官との間の意見の相違は、「何が公益か」言い換えれば、「何が植民地社会を安定化するのに最善の方策か」について理解が違うことに起因していた。収税官にとっては、短期間で妥当な収益をあげることが、最善の方法であった。収税官は、森林を伐採して耕地化するほうがより利益をあげられると考えていた。

さらに、現地住民は森林への自由な出入りを望んでいた。森林管理官は、森林の重要性を理解させるべく現地住民を「文明化する」よう政府の強い対応を求めていたが、政府にとって第一の関心事は、人々の敵意を呼び起こすような事態を回避することにあった。[26]

こうした状況下で、乾燥化理論は、植民地政策における森林保護の重要性を正当化するのに効果的に用いられた。もちろん、国内消費と輸出に足る木材を維持するために森林を保護するという側面は重要であった。森林局は、国の歳入に貢献すべく、収益を確実に増加させなければならなかった。他方で、乾燥化理論は別の機能を果したのである。

（二）　森林と農業

森林管理官は、乾燥化理論によって、第一に農業に対する森林の重要性を主張することができた。かれらが農学者や政府に対して森林の有用性を積極的に訴えるようになる契機となったのは、インド各地で度重なる飢饉であった。インドでは一八六〇年代に旱魃による三度の飢饉に見舞われ、飢饉への対策が重要な課題となっていた。さらに、一八七六年には、マドラス管区、マイソール、ハイデラバード、ボンベイ管区などインド南部が大規模な旱魃に襲われ、翌年には連合州、パンジャーブなどインド北部でも同様の飢饉が起こり、あわせて五〇〇万人近い死者が出るという前例を見ない惨事となった。この被害の大きさにインド政庁は本格的な対応を迫られ、一八七八年に飢饉委員会が設けられて、飢饉問題に対する初めての本格的な調査・分析が行われたのである。[27]

森林管理官は、飢饉救済における森林局の役割の一つとして、政府所有林の一部を住民に開放し、かれらに食糧や燃料、家畜の飼料を供給するという点を挙げた。しかし、この点より強調したのは、飢饉が起こった後ではなく、未然に防ぐ手立てとしての森林保護の必要性であった。もし、モンスーンによる雨がちょうどよい時に降れば、穀物は確実に収穫でき、食糧は地域的に調達できる。しかし、もし雨が降らなかったり、あるいは突発的な大雨により洪水が起き、水が引いた後、大地が日光にさらされて乾燥すれば、旱魃によって穀物は枯れ、飢饉になる。こうした事態は食糧の輸入によって緩和されるかもしれないが、唯一の根本的な救済法は定期的な雨を降らせることであり、これは森林の保護によってのみ可能であるというのが、森林管理官の主張であった。

飢饉対策が展開していくなかで、かれらの主張は政府内でどのように認識されていたのだろうか。飢饉委員会設立の一年前、一八七七年に、インド政庁からマドラス管区に派遣されたボンベイ管区知事リチャード・テンプルによる報告書では、水源や上流域の森林破壊と流量の低下が指摘されている。さらに、一八八〇年に提出された飢饉委員会の報告書には、森林が降雨量に及ぼす影響については疑問視しながらも、森林によって水源が保たれ、雨を貯蔵して安定した水分を供給し、土壌浸食を防ぐという機能が評価され、旱魃対策のための森林保護に言及された箇所があったが、報告書の主要部分には森林についてなんら言及はなかった。[28] つまり、この時点で森林管理官の主張する乾燥化理論は、政府内の一部にしか認識されていなかったといえよう。

こうした状況に対し、森林管理官は、森林が安定した水の供給源となり、土壌浸食や洪水の防止などに役立つことを示す観察結果を挙げて、繰り返し関心を惹こうとした。例えば、イニシャルしか明らかにしていないG・K・Bという森林管理官は、インドの農業関係者(農学者、プランテーション経営者)を、林学と農業との間の密接な関係を認識していないとして非難した。彼の議論では、森林の保水力や土壌浸食を防ぐ力、降雨量の増加にもたらす影響など農業に役立つ機能を森林が果たしている点が強調されていた。[29] ベーデン＝パウエルもインド政庁の態度を、森林政策によって直接影響を受ける牧畜民の利益を過剰に重んじていると批判した。彼はさらに、国全体の環境の状態は森林の維持によって左右されるとし、インド全人口の幸福が、特定地域の人々の利害のために損なわれていると主張した。[30]

このように、森林の農業に対する貢献が農学者やインド政庁に認められていなかったなかで、農業と森林との密接な関係を大々的に論じたのが、王立農業協会の顧問J・A・フェルカー博士であった。彼は一八九二年にインドの農業問題について調査し、助言を与えるためにインドに派遣され、翌年、『インドにおける農業改良に関する報告書』を上梓した。彼は森林が農業に与える影響について考察し、次のように説明している。

森林が実際に降雨量を増加させるか否かについては、これまで多くの議論がなされてきた。しかし、私が指摘したいのは、森林の真の影響力や価値とは、気温を下げ、さらに、森林がなければすぐに蒸発したり、流出してしまう水分を蓄えておくことにあるということである。……このように〔森林があれば〕、降雨による水分は、より多くの日数をかけて分配される。そうすれば、農業に従事する者にとっては大いに助けとなるであろう。その意味で、植林の本当の意義は、降雨量が増加するかどうかというよりもむしろ、雨の効果を享受できる日が増えるかどうかにある。[31] 樹雨も増加するため、これも農業にとってひじょうに重要である。[32]

さらに彼は、森林の水保全機能ばかりでなく、土壌保全機能についても言及し、インドの農業にとって、気候上の見地から森林保護は不可欠であり、森林局がこうした森林地域の保護に着手するよう努力するのに早すぎるということはないと論じた。

この報告書は、一八九四年に採択された『森林政策』を作成する際に参照された。『森林政策』では、初めて、「気候的、物理的見地から重要な森林」つまり、乾燥化理論に基づいて規定された「保安林（Protective Forest）」が、木材の持続的産出のための森林として制定された「国有林（National Forest）」とは別に区分されたのである。[33] 保安林は、水源の保持や河川の管理をねらって、主に山や丘陵地の集水域に配置された。こうした保安林は、いわば農業を守るための森林であり、森林を犠牲にした耕地化の進行に一定の歯止めをかけることが明記された。

さらに、森林管理官は、丘陵地や河川の集水域の森林が恒久的な水の供給ばかりでなく、河川のコントロールにも、きわめて有効であると強調した。森林管理官が用いた典型的な言説は、次のようなものである。

(三) 森林と洪水

森林破壊の結果、破壊された地域にのみ悪影響を及ぼすとは限らず、遠く離れた場所にも被害を与えるのだ。……一例を挙げると、〔森林が伐採された〕山頂で水が氾濫すると、その流れは丘陵の斜面に溝を刻み、やがては深い浸食を引き起こし、地滑り等の原因となるが、なかでも最悪の影響は、峡谷や、下流にある平野部に膨大な土砂や石が運ばれることである。これによって、土地は荒れ、道路や橋が破壊され、水の供給源や川の流れが変化し、さらに、〔森林が破壊された地域から〕遠く離れた場所の住民も突然の洪水という脅威にさらされる。そのうえ、上流から運ばれた堆積物から成る「障害物」によって河口が塞がれて、航行に支障を来すのである。(34)

このような、森林破壊と土壌浸食や洪水などの災害を結びつける警告は、森林保護を擁護する根拠として、インドの土地政策に影響を与えていったのである。

例えば、D・ブランディスは、その当時の潅漑システムの改良と森林保護との関連を次のように示した。

ラージプターナやマイソールのように乾燥した地域では、年間を通じて得られる水の供給を最大限に活用するために、丘陵地の集水域から水を引き、貯水池や人工湖に貯めている。さらに、この集水域は、遠隔地に水を運ぶ運河にも水を供給しているのである。しかし、インドやその他の地域の経験から明らかになったのは、丘陵地に森林がないと、雨は激流となって流れ落ち、土砂や石を運んで川や運河に堆積し、ダムや堤防を決壊あるいは氾濫させるということである。逆に、丘陵地が森林や牧草地で覆われているところは、河川の流れはゆるやかで、乾期には通常の流れがなくなったとしても、泉には水をたたえている。つまり、すべての状況が結びついて、貯水池や運河により規則的かつ有効に水を供給することは確実である。(35)

また、前述のG・K・Bは、インダス川流域にあるカラチの造船業の例を挙げ、ヒマラヤで無分別な森林伐採が進み、植林を怠っているせいで、下流の港は沈泥でふさがっていると述べた。彼は、さらに、東ガーツ山脈から流れるビーマー川の北側の渓谷一帯を潅漑し、同時にムター運河を通じて、プーナの町や駐屯地(cantonment)に飲料水を供給しているファイフ湖の例を挙げた。彼の指摘によれば、この湖に土砂が沈殿することによって水の供給が減ったため、結局のところこの人工湖の建設は金の浪費になってしまったということであった。また、西ガーツ山脈から流れる川の流域につくられた港についても、同じような報告が寄せられたと記している。(36)

森林が河川管理に及ぼす影響は、政府の外でも取り上げられるようになっていった。一八八六年に、シワリク丘陵の南に広がる平野部に位置するアンバーラーで洪水が起こり、北西鉄道橋(North Western Railway Bridge)が破壊されたとき、インドの新聞『パイオニア』は、政府の土木事業は無能だと批判した。紙上では、洪水が流域の道路や鉄道に氾濫した原因の調査は、土木事業局だけでなく森林局によっても行われるべきだという要求がなされた。記者は、河川管理における森林の役割の重要性を主張し、森林局に対して、鉄道路線の決定にもっと責任ある立場をとることや、影響すると推測される森林の保護に取り組むよう求めた。彼は、「森林局は、こうした悲惨な不測の事態そのものにうまく対処できないとしても、その危険性を政府の前で明確に提言してきたのか」と述べており、洪水は、土木事業局だけでなく森林局も積極的に関与すべき問題であると捉えていたことが示されている。(37)つまり、森林が河川管理に及ぼす影響は、行政官の間だけではなく、広く知られるようになっていたといえるのである。

実際のところ、シムラ周辺には、複数の藩王国があり、そこには森林局の法律や規制が及んでいなかった。『パイオニア』の記者は、さらに次のように論じている。

第一に、森林局は、どことどこの森林が破壊されれば、この洪水が引き起こされる可能性がひじょうに高かったのかという点を明白にする必要がある。一般大衆が知りたいのは、この事態が予測されていたのか、また政府はこの点について警告を受けていたのかということである。森林局には何か障害があったのか、あったとすれば、それはどのようなものか。県知事が、例によって、自分たちの義務に関してあまりにも偏狭な見方をしているのか。または、かれらが、ある村の利益のために、おそらくはその県知事の管轄下にないその他の地域を危険にさらすのか。公共の利益というものは、いかなる局の怠慢や、狭量な県知事、あるいは小人数の藩王の利害や偏見によっても犠牲となってはならない[38]。

この記事は、土地政策をめぐって、県の統治責任者である県知事と森林管理官との意見の食い違いは、行政機関の外の一般社会にも認識されていたことを示すものである。森林局は、しばしばジャーナリズムの攻撃にさらされていたが、環境保護的な見地からは、森林政策の推進を支持する声があがっていたことは、指摘すべき点であろう。パンジャーブで毎年のように起こる洪水は、『インディアン・フォレスター』や『インディアン・エンジニアリング』、『パイオニア』等でしばしば取り上げられた。そこで森林管理官や土木技師は、洪水の原因を、概してシムラ周辺の丘陵地帯における不注意な森林伐採によるものと結論づけた[39]。

このように、乾燥化理論は、森林局の地位を強化するのに用いられたといえよう。土壌浸食、洪水の防止や水源保持、気候の安定に森林が役立つという点を強調することによって、森林局は収税局や土木事業局など他の行政機関に対して森林政策を有利に進めることができたのである。さらに、自然災害の防止、土壌保全、水源の保持などの公共の目的のために、一定条件のもとで、森林局が直接管理する権限のない藩王国や私有地についても規制の対象とすることができるようになり、現地住民が政府所有林に指定されていない土地に出入りすることを制限する正当性を主張することが可能となった。その結果、森林局は介入しうる地域を拡大することができたのである。このように乾燥化理論は、森林資源の持続的管理とは別の面から、林学・森林政策の存在意義を支えたといえよう。

四　「熱帯林学」の形成

ラジャンやI・M・サルダンハのようなドイツ林学の影響を強調する研究者は、大陸ヨーロッパの林学、特にドイツの林学が、世界レベルで林学の確立に強い影響を与えたと主張している。かれらが共有する認識とは、ドイツの林学が各地に導入され、現地の生態系や社会状況に適合するようある程度修正されたというものである[40]。しかしながら、インドにおける林学・森林政策全般におけるドイツ林学の役割を誇張すべきではないだろう。植民地の林学・森林政策にドイツの影響がそれほど圧倒的でありつづけたかどうかについては、再考しなければならない。

確かに、インドには大陸ヨーロッパの林学システムが導入されたが、二〇世紀初頭になると、熱帯という気候条件や、焼き畑による移動耕作や過放牧など植民地特有の問題に対応するための新しい林学の発展が必要とされはじめた。ドイツ林学がインドに適合するよう修正されなければならなかったとすれば、その修正自体に重要な意味があるはずである。ヨーロッパの教育機関で教えられた理論と、実地経験が結びついて、インドの林学・森林政策は展開していったのである。

また、ドイツ林学の影響を強調する研究者は、植民地の林学・森林政策のなかで、森林枯渇と旱魃、洪水、水の供給や気候の変化といった環境全体の変化を理論づける動きの重要性を軽視する傾向にある。もしインドの森林管理官が、ヨーロッパから導入された林学にのみ依存していたとすれば、森林が周囲の環境に及ぼす役割に関する理論の発展が、なぜ植民地でより必要とされたかを説明するのは難しい。植民地で頻発した洪水や旱魃、飢饉などの経験や観察は、乾燥化理論を解明する試みを促進する原動力となったと思われるのである。

(二) 乾燥化理論と熱帯性

一八九〇年代になると、『インディアン・フォレスター』はヨーロッパだけでなく、アメリカにおける乾燥化理論に関する研究動向についても注目しはじめた。インドの森林管理官は、森林が降雨量の増加をもたらす機能について、ブランフォードの報告を補強するような研究結果を求めたが、森林が降雨量に及ぼす影響については意見が分かれていた。例えば、B・E・フェルノウは、森林内の方が、裸地よりも気温が低く、湿度が高く保たれることから、森林上空の大気中の水蒸気を増加させ、森林周辺の降雨を増やすと主張したが[41]、H・ガネットがアイオワ州、ミネソタ州、イリノイ州、オハイオ州、マサチューセッツ州などで森林破壊、あるいは植林の前後で降雨量を比較した研究では、森林破壊後に降雨量が減少しておらず、逆に植林の後に降雨量が増加していなかった。また、L・パルケがアルジェリアで行った研究でも、同様に、森林の有無と降雨量の増減は整合していないという結果が出た[42]。彼は、多くの人が森林の機能を過大評価していると批判し、森林の機能とは降雨量を増加させることではなく、雨を貯蔵することにあり、それによって水源を保ち、河川の流量を安定化すると主張した。

森林が降雨量の増加をもたらすか否かについては、二〇世紀に入っても論争が続いていたが、気象学者からはこの機能を否定する声が強まっていた。例えば、アメリカ気象局長官W・L・ムーアは、下院の農業委員会で「アメリカでヨーロッパと同様に行われている研究は、森林が降雨量を増加させたり、洪水を制御するのに重要な役割を果たすという思いつきが無効であることを示している」と断定する報告を提出した。これに対し、アメリカ国内でも、ヨーロッパやインドでも、多くの森林管理官がこの問題に関する議論に加わった。そのほとんどは、ムーアの主張に猛烈に異議を唱えた。『パイオニア』は、この出来事を取り上げ、「インド気象局や森林局が、この大西洋の向こうからの一斉射撃に対して何を言うべきか、興味津々である」と報じている。(43)

これに対して、『インディアン・フォレスター』が掲載した論文では、森林が降雨量に及ぼす影響に関して、前述のブランフォードによって集められたデータを最も信頼できる根拠として挙げた。この論文の著者は、さらに、J・ハン博士の研究結果を引用し、ドイツの森林内部の降雨量が森林の外側よりも約三パーセント多かったことを示した。ここで著者はブランフォードのデータと比較し、熱帯では、この差異がドイツの例よりもかなり大きいと述べた。実は、ブランフォードのデータ以外には、森林が降雨量に影響することを証明する信頼すべき証拠はインドにはなかった。気象局のデータでは、森林局が設立されてから五〇年の間に降雨量に大きな変化は見られなかったのである。しかし著者はこの点について、インドでは、これまでに大河の集水域でかなりの部分の森林保護政策が成功しており、そのため森林枯渇の結果起こる災害が最小限に抑えられてきたのだと説明した。(44)

このように、森林と降雨量との関係については賛否両論があるのに対し、森林には水源を保つ力があり、それによって河川の流れをコントロールし、その結果として土壌浸食や洪水を防ぐという認識は、森林管理官の間で優勢になってきていた。しかし、フランスのナンシー林学校の教授E・アンリとロシア・サンクトペテルブルク大学の鉱物学者オトツキーの実験によって森林内の方が森林外よりも地下水位が低いという結果が明らかにされ、森林はスポンジのように水分を貯蔵するのではなく、むしろ消費しているのではないかという疑問が示されたのである。二〇世紀初頭には、森林内の方が地下水位が低いという現象をどう理解し、乾燥化理論のなかに位置づけていくべきかという問題が、森林管理官の間で中心的な課題の一つとなった。

インドの森林管理官にとって、ヨーロッパの研究手法や成果は常に模範とされてきたが、二〇世紀初頭にはいると、こうしたヨーロッパの研究結果に対するインド森林管理官の態度の変化が見いだせるようになる。かれらは、乾燥化理論の解明に独自の関与を始めるようになった。

一年を通じて森林内の方が、森林が伐採された地域よりも地下水の水位が低いため、森林のスポンジ効果はないというアンリの結論に対し、『インディアン・フォレスター』には彼の研究に批判的な論文が寄せられた。例えば、F・グリードウは、森林の蒸散作用(それにより地下水位が下がると考えられた)と保水機能のうち、後者がより重大であると述べ、その理由として、森林の地表は堆積有機物層で覆われており、他の植被よりも降雨の浸透率が高いこと、地表からの蒸発が森林外の六分の一と低いことを挙げた(45)。

さらに、彼は、アンリと同様に森林内外で地下水の水位を比較する実験が、インドでも行われたことに言及した。B・リッベントロップがマドラスで行った実験では、森林内の地下水位が六~一〇フィートであるのに対し、外では一五フィートであった。また、実験対象とした森林内では乾期でも水をたたえていたのに対し、森林の外では河床や井戸は干上がったと報告された。この実験結果によって、グリードウは、森林内の方が地下水位が低いというヨーロッパで得られた実験結果が、すべての国で同じであるという結論に飛躍するのは大きな間違いであると強く主張した。

彼の出した結論は、次の三点にまとめられる。第一に、森林が消費した水分は蒸散作用によって大気中に還元され、周囲に雨を降らす。第二に、森林の役割は、平野部の森林よりも山地の方が効果的である。というのも、裸地化した急斜面では、雨が降っても吸収される間がなく流れ落ち、この地表流が土壌浸食や洪水を引き起こすからである。第三に、森林内の地表は堆積有機物層で覆われているため、スポンジとしての機能があり、地表からの蒸発を防ぐ。一方、アンリは、リッペントロップのマドラスにおける実験結果が自分のデータと矛盾することについて、自分の実験結果は少なくともヨーロッパ内では有効であるとし、「地球上のあらゆる場所で、森林に覆われていない土壌からの蒸発と、森林の蒸散作用との関係を解明する上で、こうした地域〔インド〕における研究はたいへん興味深い」[46]と述べている。これに対して、『インディアン・フォレスター』の批評者は、次のように加えている。

われわれは、このような〔ヨーロッパにおける〕研究結果を一般化し、地球上のすべての場所で森林が同じ結果をもたらすはずだと結論づけないよう、注意しなければならない。逆の結果も起こりうるであろうし、森林に覆われていない土壌からの蒸発は、森林の蒸散作用をはるかに越える可能性がある。こうしたことは、灼熱の熱帯で特に起こりうる。というのも、気温が高くなるのに比例して、土壌から大量の水分が蒸発するようになるからである。[47]

この批評の最後に、論者は、熱帯の環境の方が温帯ヨーロッパよりも脆弱であるため、熱帯地域の代表者として、乾燥化理論の確立におけるインドの役割は重大であるとし、インド森林管理官に科学的研究を発展させるよう鼓舞した。[48] このように、二〇世紀にはいると、『インディアン・フォレスター』誌上では、ヨーロッパやアメリカで行われた研究結果が乾燥化理論を否定するものであった場合、乾燥化理論の有効性を示すのに、インドが「熱帯であること」を強調するようになったのである。

（二）「熱帯林学」の形成

これまで述べてきたように、インドの林学・森林政策は、大陸ヨーロッパの強い影響を受けてきた。しかし、二〇世紀初頭になると、熱帯独自の問題に焦点を合わせた林学を志向する動きが始まったのである。インドに森林局が設立されて四〇年あまりの間に蓄積された経験から、インド森林管理官のなかには、ヨーロッパの伝統林学をそのまま適用することに疑問を抱く者が出てきた。当時の主要な森林管理官の一人、E・P・ステビングは、著作のなかで次のように指摘した。

林学の実施の基盤となってきた柔軟性のない方針、すなわち、ドイツの森林管理官が認識している方針は、すべてが〔インドの〕自然に適合しているというものではなく、インドの需要、あるいは、もっと広い意味で、熱帯林学の需要を満たすほどの適応力がない。(49)

インドの森林管理官は、熱帯植民地の気候や植生、社会、政治的状況に直接結びついた林学の新しい分野「熱帯林学(tropical forestry)」(50)を、独自に発展させる必要性を唱えはじめたのである。この熱帯林学の形成は、植民地の乾燥化理論をめぐる議論と深く関わっていた。

というのも、すでに指摘したように、乾燥化理論の有効性を示すのに熱帯という条件が用いられるようになったからである。インドの森林管理官は、熱帯の気候条件はヨーロッパよりもはるかに厳しいために、熱帯の環境は温帯よりも脆弱であると強調するようになった。つまり、雨期・乾期の降雨量の差が激しく、強烈な太陽光線によって気温が上昇し、蒸散が進む熱帯地域においては、森林破壊によって土地や気候の乾燥化が深刻になると考えられたのである。

さらに、熱帯植民地には、先住部族が営む移動耕作・放牧や、土地政策をめぐる収税局との対立など、共通の森林政策上の問題があることにも関心が寄せられるようになり、こうした問題に焦点を合わせた林学を発展させようという動きが広がった。移動耕作・放牧は、火を用いること、毎年場所を変えることから、広範囲にわたって森林にダメージを与えるとして、森林管理官の間でひじょうに問題視されていた。これらの活動を禁止、あるいは規制して森林から先住部族を締め出し、かれらを別の土地へ強制移住させる措置がとられたが、二〇世紀になってもまだ地域的に続いており、消滅させるのはきわめて困難であった。

（三）　熱帯植民地間のネットワーク

インドの森林管理官が乾燥化の問題を熱帯共通の問題として認識するのに、第三章で論じた熱帯植民地間のネットワークの果たした役割はたいへん大きなものであった。このネットワークを通じて、インド森林局には熱帯諸国の森林を含めた環境の状況、適用された森林管理方法の結果など、林学・森林政策に関わるあらゆる情報が集められたのである。

熱帯植民地の多くは、農業に依存していた。そのため、木材産業が発達していたインド以外の地域では、森林が土壌浸食、旱魃や洪水を防ぎ、規則的な水の供給を保つという有用性が、木材や燃料を供給するという機能よりも重要視されることが多かった。インドの森林管理官が派遣された時、各地の植民地当局は森林が気候や土壌に及ぼす影響力に強い関心を寄せていたといえる。

例えばモーリシャスでは一八七〇年代までに、森林破壊が土壌浸食、水源の減少や降雨量の低下を引き起こすと考え、警告を発する者がでてきた。一八七七年、モーリシャスの軍医H・ロジャーズは、「この島の不健康な状態が、森林枯渇のせいであることは、ほぼ間違いない。森林枯渇が、降雨量の減少や気温の上昇を引き起こした」[51]と主張している。

一八八〇年にインドから派遣されたR・トンプソンは、土壌保全や規則的な水の供給、衛生状態の改善という観点から森林保護を行う必要性を勧告し、モーリシャス植民地当局は、水源近くの森林を守るために、山頂付近の土地を購入しはじめた[52]。翌年に森林局が設立されてからも、土壌浸食からの防護や水の供給の安定化という問題は、常に森林政策の最重要課題とされた。モーリシャスの森林保護は、もともと環境保護的理由、特に水の供給との関連から始められ、森林政策の経済的な要素よりも重視されたといえるだろう[53]。

ジャマイカでは、一八七〇年から雨不足が何年も続いたが、植民地当局は森林伐採がその根源的要因だと理解していた。一八八五年、インド森林局から赴任したE・D・M・フーパーは、この問題について助言を与えるよう依頼された。彼の勧告は、森林政策によって島の東部における水の供給を統制し、川の奔流から低地を守り、さらに島の南側については、時として資産や人命に損害を与える危険な北風を防ぐ必要を指摘するものであった。彼の勧めに従って、政府は裸地化した山の斜面の植林に着手した。それ以降、ジャマイカ政府による主要な森林政策は、土壌浸食を防止し、水源や河川を保護するための方策として、再植林や政府所有林の維持などに集約されてきたのである[54]。トリニダード・トバゴも同様の森林政策を行った。他の西インド諸島と同様に、これらの島々でも、水の保持に関わる森林の間接的有用性が大きな関心を集めていたといえよう[55]。

ケープ植民地では、インド森林管理官から初代森林保護管に任命されたD・E・ハッチンズが、森林枯渇が土壌浸食や、土壌や気候の乾燥化に及ぼす悲惨な影響を示す数多くの例を『インディアン・フォレスター』に定期的に報告した。そこで彼は、森林破壊後の気候や水の供給の悪化は、森林の周辺地域だけでなく、植民地全体に関わる問題であると述べ、植民地の発展に伴う人口増加を支えていけるかどうかは、森林保護にかかっていると強調している[56]。

一九〇八年に南アフリカ植民地間合同潅漑委員会がつくられたとき、そのメンバーは、森林は水の供給に多大な影響を与えるものであり、植林地域を大幅に拡大する必要性があるという点で意見が一致した。人口の大半が農業に依存している国々では、年間を通して水を供給する川の流れや泉の水源が少しでも減少すれば、惨状を引き起こすことになった。それゆえ、植林の問題は、こうした国々にとって最も重要な課題の一つであったのである[57]。

乾燥化理論は、社会にも広く知られていた。『ケープ・タイムズ』は、「植民地の森林を注意深く、賢明な管理の下に守るのは、木材のためだけではないということは、使い古された言葉である。……森林が気候に及ぼす影響は、学校に通う子供さえ皆知っていることだ」と述べている[58]。

ゴールドコーストでも、森林保護管H・N・トンプソンが国の繁栄のために森林保護が重要であると主張した。彼は、森林を伐採する行為が、その土地自体に無限の損傷を引き起こすだけでなく、適当な水の供給を妨げることにより、はるかに離れた地域にも大きな被害を与えると報告した。農地を拡大するための過剰な森林伐採は、この国の農業を維持するのに必要な、規則的な水の供給を損なうという乾燥化理論の見地から、彼は森林保護の必要性を論じたのである[59]。

ナイジェリアでも、一八八〇年代以降の森林政策に関する記録のほとんどすべてに、森林が環境を安定させ、農業を助ける役割が強調されてきた[60]。このように、アフリカの植民地でも、森林が浸食を防ぎ、規則的な水の供給を保つ役割は注目されていたのである。

以上のように熱帯植民地では、その地勢、気候と産業構造の特性から、森林の水・土壌保全機能が特に重視されたといえるだろう[61]。こうした熱帯植民地間の情報交換を通して、森林管理官は、熱帯における乾燥化問題の重要性を認識したといえよう。第一次世界大戦前の時点で、この問題について科学的な研究を始めたのは、熱帯植民地のなかではインドだけであったが、森林と乾燥化をつなぐ直接的な関係を解明することが、インドを中心とする熱帯植民地のネットワークにおいて緊急の課題とみなされていたことは、注目すべきである。

五　「科学的林学」の推進

二〇世紀初頭になると、多くのインド森林管理官の間では、熱帯林学の追求と並行して、専門的かつ科学的な、組織化された研究を進める必要性が唱えられるようになった。おりしも一九〇二年には、インド政庁によって科学顧問委員会(Board of Scientific Advice)が設立されたが、このことは、森林管理官の科学研究の発展に役立った。この委員会の目的は、森林局、気象局、地質調査局、植物局、測量局などの間で協同して植民地の産業を促進しうるような科学研究を発展させることであった。科学顧問委員会の設立は、科学調査や組織的な研究を国際的なレベルにまで上げることが国の発展に必要であるというインド政庁の見解を示すものであった(62)。

このインド政庁の動きに呼応して、森林管理官も、ヨーロッパやアメリカと同様に林学のための特別研究機関の設立を要求した。一九〇五年、『インディアン・フォレスター』は、営林計画、気候に対する影響や水源保持に関する研究、森林植物学全般、木がかかるさまざまな病気や、木材以外の多様な資源活用の可能性に関して指導力を発揮するためにインド林学研究部門が必要であると主張した。この研究部門は、通常の行政に関する業務とは分けられ、研究に集中できる機関とすべきだとされた。各地から入手したデータをすべて一か所に集めることによって統計をまとめ、研究成果を発信すれば、有効に活用されると考えられたのである(63)。

一九〇六年には、森林に関連する諸問題を科学的に検証する学問、すなわち「科学的林学(scientific forestry)(64)」を推進するという目的のために、帝国森林研究所(図13)が、デーラ・ドゥーンの林学校に併設された。従来、科学的林学は、育林法(sylviculture)の側面に限定されて理解されてきたが(65)、森林管理官は、育林技術の改良などとともに、インドの気候に森林が及ぼす影響のメカニズム、つまり乾燥化理論を解明することも、科学的林学の緊急の課題と認識していたことに注目しなければならない。

帝国森林研究所には、六名の森林管理官が任命され、その後、次第に増えつづけた。かれらは、森林管理の実務から解放されて、デーラ・ドゥーン帝国森林カレッジで講義をする以外は、研究に集中することができた。この研究所の研究員の一人となったステビングは、インドの林学がヨーロッパやアメリカのそれに匹敵するほど成長するだろうという期待を表明した。(66)

図13　帝国森林研究所

出典：E. P. Stebbing, *The Forests of India*, vol. 3, London, 1926.

インドの森林管理官が科学的林学の推進を目指すようになった背景には、ヨーロッパ林学から独自の発展を遂げたインド林学を確立したいというかれらの希望があった。『インディアン・フォレスター』誌上で、科学的林学をインド森林管理官自身によって確立するべきだと主張したH・C・ウォーカーは、森林管理官の養成過程で、生徒に結果だけを、どのようにして得られたかという説明もなしに教える方法が、指導の大きな欠陥だと指摘した。さらに、こうした態度は、科学的林学とはかけ離れたものだと非難して、次のように主張している。

ここ［インド］の状況は、ヨーロッパとまったく違いすぎて、ヨーロッパで得られた研究結果を利用することはできない。われわれはまだわかっていないようだが、ヨーロッパの森林管理官から学ぶべきであった主な教訓は、われわれもまた、さまざまな情報から真偽を突き止め、立証し、そこからインドの森林に適合した管理方法を考案しなければならないということなのである。(67)

つまり彼の意見とは、ヨーロッパの研究結果をただ適用しても役に立たず、インドで得られた研究結果に基づいて理論化することが必要であるというものであった。こうした見解から、十分に科学的な証拠、データ、統計や実験よりも、経験に頼る従来のインドにおける林学の傾向を批判したのである。(68)

科学的林学の必要性とともに、森林管理官がもつべき資質が議論されはじめた点についても目を向けなければならない。ステビングやJ・S・ギャンブルといった若手の主要な森林管理官は、森林管理官が身につけるべきものは、古典的教養よりも専門的かつ科学的な姿勢であると主張した。(69) こうした変化は、指導的な森林管理官が、インド高等文官とは一線を画した、科学者としての性格をより強く志向するようになったことを意味する。

こうした新しい方向性についてはベテランの森林管理官から批判の声もあがったが、(70)二〇世紀初頭に、インド森林管理官のなかに新しい動きが起こり、インド独自の専門的かつ科学的な研究が、以前よりも強く求められるようになったことは明らかである。

六　インド政庁の対応

二〇世紀初頭にみられるもう一つの新たな傾向は、インド政庁内でも乾燥化の問題に強い関心が寄せられるようになりはじめたことである。『インディアン・フォレスター』は、森林の環境保全効果や、森林が伐採されることによって起こる被害が、「最も明らかに証明される」例をたびたび取り上げ、必要な保護政策がとられるよう訴えた。イ

図14　ホシアルプルの土壌浸食
下流の沖積平野に大量の土砂が流れ落ちている．
出典：R. M. Gorrie, *Soil and Water Conservation in the Punjub*, Simla, 1946.

ンド国内で最も土壌深刻が深刻であると以前からみなされていたのはパンジャーブであった。特にシワリク丘陵やパビ丘陵は、森林枯渇の結果、洪水による浸食で多くの被害を受けた。ジェーラム上流運河事業とも関連して調査がなされたが、それによると、以前は森林に覆われていたが、調査時には地肌が剥き出しになっていたパビ丘陵の北斜面を流れ落ちる川の多くは、渓谷や河床を流れ落ち、貴重な土壌を洗い落としていた[71]。

こうした報告を受けて、森林局は、森林破壊が土壌浸食や洪水を引き起こしたとされる地域について、それまでのような地方政府が作成する森林規則による規制だけでは不十分と考え、中央政府による森林法の制定を検討するようになった。その一例として、一九〇〇年にホシアルプル土壌保全法が、丘陵地を保護する対策をとるための特別法案として通過した。カングラ県南西部ホシアルプル地方のシワリク丘陵では、雨期になると、現地でChosと呼ばれる激しい流れが大量の巨礫や土砂を下流の平原部へ流し[72]、耕作地に広範囲にわたって被害を及ぼしていた（図14）。森林管理官は、この土壌浸食の要因を森林破壊や過度の放牧にあると主張し、この規正法がつくられたのである。この法律によって、シワリク丘陵の多くの地域で羊と山羊の放牧が禁止され、チャンガ・マンガなどで植林が進められた。その結果、被害が減りはじめたと報告されている[73]。

森林管理官は、インド政庁が乾燥化の問題にもっと積極的に取り組むよう働きかけた。その一つが、一九〇六年、当時の森林局長官S・アードリー＝ウィルモットがインド政庁に提出した、乾燥化理論に関する初めての包括的な報告である。[74] この報告書は、インド森林局設立以来の資源管理至上主義から、森林が気候や土壌に及ぼす影響の重視へ、森林政策の転換を提言するものであった。彼は、集水域の森林破壊は、個人や地元社会よりもはるかに大規模な人々の利害に関わる問題であり、飢饉や洪水による被害は全インドに及ぶ問題であると主張した。同時に、この全体の利益(公益)に森林保護が与える影響は、あまりにも過小評価されてきたとして、飢饉委員会や潅漑委員会に対する不満をあらわにした。一九〇一～一九〇三年の潅漑委員会で、地表流を有効に利用できていないという問題が取り上げられたことに対し、彼は、潅漑整備という人工的な方法とともに、森林という自然の効率的な貯水システムを活用することの必要性を提言した。

この報告書のもう一つの論点は、ヨーロッパにおける乾燥化研究をそのままインドに適用するのではなく、インドの気候や状況から自然の法則を見出し、乾燥化理論を確立することであった。報告書の第一部で、彼は森林の影響に関するこれまでのヨーロッパにおける研究結果をまとめ、第二部で、インドの状況を説明した。この報告書の要点の一つは、森林植生が保水に及ぼす影響のメカニズムは、周囲の気候が及ぼす影響の強弱によって異なるという指摘であった。つまり、森林から与えられる利益は、雨が多すぎたり少なすぎたり、乾期の気温が高すぎたり、丘陵地の勾配が急な場合に増加するため、以上のような環境上の問題をもつ熱帯、亜熱帯の地域にとってこそ、適当な場所に森林を保護することがきわめて重要な問題となるのであった。

このような環境の脆弱性は、熱帯植民地の主要産業である農業に深刻な被害を及ぼすことから、乾燥化理論の確立は、熱帯植民地のなかで唯一、森林研究が進んでいるインドにこそ必要とされているというのが、彼の主張であった。さらに、この報告書の最後には、乾燥化理論の確立のためにインド各地に委員会を任命し、河川の集水域の森林の現状や、安定した水の供給をより効率的に行うために必要な手段について、報告を集めるよう提言されていた。

このアードリー＝ウィルモットの報告書がインド政庁に提出された同じ年の一九〇六年、前インド森林管理官J・ニズベットの提言に基づき、インド担当大臣モーリーがインド総督ミントーへ急送公文書を送った。その内容とは、森林が飢饉の被害を緩和させる機能があるにもかかわらず、長年その影響力が考慮されずにきたことを批判し、インドの人々や農業のためにこの機能を調査する必要性を訴えるものであった。これを受けて、インド政庁は、翌年、各州政庁に対し、次の七点について調査・報告を行うよう依頼したのである。

一　過去半世紀の間に降雨量が恒久的に変化したと信じるに足る理由があるか。
二　地下水位に恒久的な変化が見られるか。
三　河川の流量が以前よりも不規則になったか、いいかえれば、洪水が突発的にかつ破壊力が増加する一方で、乾期には水流が干上がりやすくなったか、また、その結果、耕作に深刻な被害をもたらしたか。
四　以上のような変化があったとして、河川の集水域の森林植生の破壊と関連するという理由はあるか。
五　過去半世紀の間に集水域の環境が悪化してきたという証拠はあるか。
六　集水域の森林植生の破壊を止めるために、いかなる手段が講じられてきたか、またその手段が有効だったか、さらに安定した水の分配の維持に役立ったか。
七　今後、森林破壊を防止し、あるいは植林するという手段をとるべきかについて十分な根拠はあるか。またその場合、いかなる手段が薦められるか。

さらに、インド政庁は、当時観測所長官であったG・T・ウォーカーに対して、インド全域で降雨量に永続的な変化が見られるか、変化があるとすれば考えられる要因は何か報告するよう依頼した。この問題についてウォーカーは、

表5　平均降雨量の変化　（単位：インチ）

	中央州南部	ハイデラバード	マイソール	マドラス管区	中央州北部	中央インド東部
1867-75	48.0	30.2	30.2	44.4	51.5	51.1
1876-85	54.6	33.6	33.6	46.4	48.5	43.9
1886-1911	50.6	35.1	35.1	46.2	46.0	45.1

出典：Dr. Walker, 'Note on the Effect of Forests on Rainfall', M. Hill, *Forest Bulletin, No. 33,* Calcutta, 1916, p.40より作成.

報告書のなかで、近年よくいわれるような北西インドの降雨量が永続的に減少したと示す証拠は何もないと言明した[75]。

また、ウォーカーは、報告書とは別に、森林が降雨に及ぼす影響についての覚書も提出した。これは、ブランフォードが中央州南部で一八六七年から一八八五年にかけて集めた気象データを利用し、その後のデータを加えたものであった。

ウォーカーの覚書(表5)によると、平均降雨量が中央州南部、ハイデラバード、マイソール、マドラス管区で上昇したが、他方、中央州北部、中央インド東部では低下していた。彼は、中央州の南北で示されたデータの差は、それぞれの地域へのモンスーン気流の強さの影響が異なっていたことを原因として考慮すべきであり、南部で続けられている地域的な原因、つまり植林によるものとは断定できないと述べた。平均降雨量の上昇と、森林環境の改善との直接的な因果関係は、「科学的に」証明されるにはいたらなかったのである。

彼は、森林の影響について次のように述べている。

……しかしながら、熱帯における森林の影響は、おそらく〔ドイツよりも〕大きいかもしれないと考えられる根拠がいくつかある。太陽による乾燥化の影響力はより強力であるため、森林という日光を遮るものは、より影響を与えると思われる。また、モンスーンの期間中、大気中の蒸気がほぼ飽和状態になるときには、湿度がより多く、気温がより低い森林の上空では、蒸気の液化が始まる。そしてこれが始まると、マッチで点火した火薬の爆発のように、自動的に続くと考えられる。おそらく雲は森林地帯から遠くへ流されていき、その結果、農作物に降る雨は増加するであろう。[76]

このように、ウォーカーは、森林が気候に及ぼす影響はあるとしながらも、降雨量の増減の主な原因はモンスーン気流の動きにあり、人為的なもの、つまり森林破壊ではないとの結論を下したのである。[77]

一方、インド政庁からの七つの質問に対する回答はどのようなものであったのだろうか。これらの質問に対し、インド中から膨大な情報と各州政庁からの意見がインド政庁に集められ、それをまとめた報告書が一九一七年に森林管理官M・ヒルによって提出された。[78] 降雨量の変化については、ウォーカーの報告書と同様に、否定的な見解が示された。地下水位についても、恒久的な変化は見られないという結論が出された。他方で、河川の流量の変化、洪水の増加、水源の枯渇による被害については、地域差はあるものの、状況の悪化が認められた。しかし、河川の集水域の森林破壊がこうした悪化に直結するかどうかを示す科学的データがなく、最終的な結論はもちこされたのである。

ヒルの報告書は、中間報告のような形になったが、集水域の森林保護の有効性については、おおむね肯定的評価が得られたことが明らかにされた。そのため、インド政庁は各州政庁に対し、農業への影響がより重要と思われる河川の集水域の調査を行い、より厳格な規定による森林保護や植林が、洪水などの抑止に望ましいかどうかを引き続き検討していくよう指示した。さらに、この問題について今後も年次報告書のなかで言及するよう求めた。こうした乾燥化理論の解明に向けたインド政庁の積極的な姿勢は、森林局にとって歓迎すべきものであり、最終的な結論を導くことが可能になると期待されたのである。[79]

このように、乾燥化理論は、理論を裏付けるための十分な科学的データが揃っていないにも関わらず、自然災害への懸念や農業との関連の重要性から、インド政庁にも重視されつつあったといえよう。

第五章　帝国の環境保護主義

一　第一次世界大戦後のイギリス帝国

第一次世界大戦後も、イギリスにとって帝国の重要性は変わるものではなかったが、イギリス帝国の構造自体は変化を余儀なくされた。その一例として、帝国に関わる政策決定への参加を求める自治領に対し、イギリスは、帝国から分離しようとする動きを抑制するために、本国イギリスに対する平等性を与える姿勢を示しはじめた。その結果、一九三一年のウェストミンスター憲章の制定により、イギリスと自治領を法的に対等な地位に置くイギリス連邦の構想が実現したのである。

また経済面では、世界恐慌への対応策として、イギリスは一九三二年から保護貿易体制をとりはじめた。さらに、同年オタワで開催された帝国経済会議で、イギリスと自治領やインドとの間で帝国特恵制度がつくられ(1)、スターリング・ブロックの形成によって帝国内の経済活動の統合を図ったのである。

こうした第一次世界大戦後のイギリス帝国の再編のなかで、アフリカをはじめとする未開発地域の資源を開発するためにイギリス政府は積極的に介入しはじめた。帝国内の資源をより効率的に開発するためには、植民地科学の発展への援助は、不可欠であるとみなされた。そのため、一九二〇年代から、本国政府も植民地政府も、帝国内の科学研究の支援に強い関心を示し、科学・産業研究局(Department of Scientific and Industrial Research)などに植民地の天然資源開発のための組織的な研究や調査が命じられた。(2) つまり、従来の各植民地における調査・研究が、帝国の科学部門という包括的なシステムのなかに統合されていったのである。こうした動きは、イギリス政府が植民地科学を活用して帝国内の資源開発を効率的に行い、帝国の経済を発展させようとしたことを示す。なかでも木材資源に関しては、帝国会議が一九二三年から森林の問題を取り上げるようになり、一九二六年の帝国会議では、帝国内の森林政策を報告するための特別森林委員会が設置された。(3) こうして、森林政策は、帝国全体が関与する要綱の一つとなっていったのである。

この章では、一九世紀後半にインドで確立した「植民地林学」(colonial forestry)が、大戦間期に「帝国林学」(empire forestry)として再編される過程を検証する。この時期に森林保護が帝国の問題として議論されるようになったという変化こそが、グローバルな環境保護主義の成立に重要な影響を与えたと考えられるのである。帝国林学の形成によって植民地の環境問題が帝国全体の問題として認識されるようになり、さらに、次章で明らかにするように、ヨーロッパ主導の国際林学会議に植民地の森林管理官の問題関心が反映されていく構図を示していきたい。

はじめに、本国イギリスで林学・森林政策をめぐる状況が第一次世界大戦後に大きく変化し、帝国林学の形成につながっていく動きを論じる。次に、帝国林学会議(Empire Forestry Conference)とそれを主催した帝国林学協会(Empire Forestry Association)、さらに協会発行の『帝国林学雑誌(*Empire Forestry Journal*)』を分析することによって、帝国林学とはいかなるものかを探る。また、この帝国林学のなかに第一次世界大戦前の森林局ネットワークの中心であったインド森林局がどのように位置づけられるのかを、インドの政治情勢の変化とともに見ていく。最後に、植民地林学から帝国林学へ移行するプロセスのなかで、植民地の環境保護主義、特に乾燥化の問題が、帝国内でどのように認識されるようになったのかを考察していきたい。

二　植民地林学から帝国林学へ

(一)　イギリスにおける変化

第一次世界大戦が始まるまで、イギリス政府は、国内の森林政策について、ほとんど関心を払わなかったといっても過言ではないだろう。一九世紀中葉から一九一三年までの間に、林学・森林政策に関する六つの王立委員会、特別委員会と省委員会が任命されたが、そうした委員会の成果は、きわめて限られたものであった。イギリスは、自国の木材需要のほとんどを、主に北ヨーロッパ、カナダ、アメリカからの輸入に依存していた。一九〇三―一九一三年の木材輸入量は、全輸入量の一一・六パーセントを占めていた(4)。

戦争の勃発は、この大量の木材輸入に深刻な打撃をもたらした。一九一五年からドイツの潜水艦が商船も標的とするようになり、撃沈される船の数は年々増加した。これに対してイギリス政府は、木材資源を確保するために何らかの手段を講じなければならなくなった。農務大臣セルボーン伯爵は、一九一五年一一月、自国産木材委員会(Home-Grown Timber Committee)を招集し、農務次官を務めていたF・D・アクランド議員を委員長に任命した。この委員会の目的とは、自国産の木材供給を組織化することによって、輸入減分を埋め合わせるというものであった。国土は地区(District)に分けられ、それぞれが、顧問官(Advisory Officer)の管理の下に置かれた。この職は、一九一七年二月に陸軍省によって設置された木材供給理事会(Directorate of Timber-Supplies)に移管されたが、その後再び五月に商務省に移された。具体的な活動内容は、木材の最高価格を決定し、許可証なしの伐採を禁じるというものであった。戦時中、また戦争直後には、四五万エーカー以上の国内の森林が伐採されたと推定されている(5)。

戦時中のこうした経験によって、イギリス政府は、一定期間、海外からの木材供給が途絶えても国内で自給できるようにするために、国内の森林政策の必要性を認識するようになったのである。一九一八年には、復興委員会内の森林小委員会の報告[6](アクランド報告)に倣って、暫定的な森林当局(Interim Forest Authority)が立ち上げられた。この当局の目的とは、必要な法整備が整った後、常設の組織を準備することであった[7]。

このようにして、一九一九年に森林法が通過したが、これはイギリスにおける林学・森林政策の新しい時代のはじまりと位置づけられるものであった。森林法の第一の目的とは、イギリス国内に森林委員会(Forestry Commission)を設置し、植林による木材生産の拡大を図ることであった。森林委員はこの法に基づいて、植林などに必要な土地を購入し、賃借する権限を賦与された。個人の所有地であろうと地方当局や政府の部局の所有地であろうと、国内の森林に関して管理を請け負い、あるいは管理について勧告する権限も与えられていたのである。さらに、かれらは、植林に向かないと証明された土地を売却、賃貸、交換したり、植林に関して助成金や融資を捻出することもできた。

初代森林委員会委員長にはロヴァット卿[8]が就任し、復興委員会内の森林小委員会で活躍したアクランドやJ・スターリング＝マクスウェルら八名が森林委員に任じられた。このなかには、オーストラリアで生まれ育ち、ローズ留学基金の奨学生としてオクスフォード大学のW・シュリッヒに林学を学んだR・L・ロビンソン[9]が含まれていた。かれらは林学の専門教育を受けた、あるいは林学・森林政策に強い関心を持つ者であった[10]。

こうした第一次世界大戦後のイギリスにおける森林政策の劇的な変化は、戦時中、戦争直後の木材不足に対する不安や強迫観念によって引き起こされたものであった。戦争という特殊な時代状況は、イギリス政府の森林政策に対する姿勢を大きく変える力の一つの側面であったことは事実である。こうした政府の森林への関心は、国内問題だけにとどまらなかった。森林委員会の設置をめぐる議論では、国内と同様に、帝国レベルでも森林を保護する必要性が指摘されていた。そこでは帝国内の森林資源を持続的かつ効率的に活用するためのシステムづくりが急務とされたのである。

(二)　帝国林学の形成

一九一九年、森林委員会の設立準備と並行して、帝国内の森林および森林政策の現状を査定し、帝国林学の確固たる基盤を打ち立てるような組織の設立と定期的な会議の開催が検討されていた。森林委員会のロヴァット卿やロビンソン、植民地省のR・ファースやインド省のE・ターナーらの下で、帝国林学会議の常任委員会が設置され、一九二〇年にはロンドンで第一回会議が開催された。

このように速やかに帝国林学会議の開催が決定されたのは、林学専門家と官僚との利害が一致したからである。会議の政治的なパトロンである官僚の目的とは、帝国全体の森林資源の「ドゥームズデイ・ブック」を用意し[11]、帝国の森林資源を保護し、持続的に開発するのに適当な戦略を準備するための議論を始めることにあった。この目的を実現するためには、林学専門家に意見を求め、それを活用することが必要であると、かれらは認識しはじめていた。他方、林学専門家にとって、それまで森林政策に無関心であった政府の態度の変化は歓迎すべきことであり、この機に乗じてかれらの意見を政策により明確に反映させることで、帝国全体を視野に入れた理想的な林学・森林政策のマスタープランをつくろうとしたのである[12]。

さらに、第二回以降の帝国林学会議を運営する組織として、帝国林学協会が一九二一年にロンドンに設立された。協会の運営審議会は、ロヴァット卿をはじめ森林委員会の代表者、帝国林学研究所所長R・S・トループ、エディンバラ大学教授E・P・ステビングら林学専門家[13]と、植民地省やインド省の官僚、自治領代表や高等弁務官などで構成されていた。[14] この協会は、帝国協会(Imperial Institute)のような植民地科学の発展と産業開発への応用を目的とする機関とつながりをもっており、オクスフォードの帝国林学研究所とならんでイギリス国内では最も重要な帝国林学機関となった。

帝国林学会議は、帝国林学協会が毎年二回発行する『帝国林学雑誌』を公式な情報伝達の手段と考えていた。編集者は、インド森林管理官を退職して本国に戻ったフレイザー・ストーリーである。帝国各地の森林局からの情報は、会議の常任委員会によって集められ、整理された。このように、『帝国林学雑誌』と帝国林学会議の常任委員会、帝国林学協会の運営審議会との間には、緊密な関係が維持されていたといえよう。

一方、新しい帝国林学のための研究・高等教育機関として、一九二四年にオクスフォードに帝国林学研究所(Imperial Forestry Institute)が設立された。これは、第一回会議の決議で、帝国林学の発展のために欠かせないものとして、組織的な林学研究の推進と、森林管理官の教育機関の拡充が、特に重要な課題の一つとされたことを受けてのことである。こうした迅速な対応は、第三章で述べた一八八〇年代の新たな林学カレッジ設立をめぐる議論のなりゆきとは好対照である。

帝国林学研究所には、インドの森林管理官として長い経験をもつトループが所長として迎えられ、森林委員会からは、クリントン卿やロビンソンが理事に選ばれた。この研究所の教育業務は、次の三つの点からなる。大学で専門教育を受けた森林管理官志願者のより高度な専門教育、特定分野の林学研究に従事する森林管理官の教育、すでに森林管理官として勤務している者のなかから選抜された者のための教育である。そのため、自らの専門知識を最先端のものにしたいという希望を持つ森林管理官は、この研究所に入ることを望んだ。

この研究所は帝国全体における林学研究の中心となることを目的としていた。しかし実際のところ、特に熱帯林学に関しては、一九〇六年、インドに設立されたデーラ・ドゥーン帝国森林研究所の方が最適な場所であると考えられたため、この研究所と協同体制をつくり上げようと図った。[15] イギリス国内に帝国林学研究所が設立されてからも、インドの帝国森林研究所は、熱帯林学研究の中心という地位を守っていたといえるだろう。

帝国林学協会がまず着手したのは、帝国全体の情報の収集であった。協会は、『帝国林学雑誌』への論文の寄稿を各植民地の森林管理官に繰り返し呼びかけ、協会の下にそれらを集めようとした。例えば、第二巻の論説欄には、次のように述べられている。

今後は、各植民地や保護領の森林局制度の歴史を読者に伝え、また、森林管理官の業績や森林地域、主要な森林植生の型、森林事業の発展の見通し、遂行される森林政策の全般的な方針といった事柄に関する信頼すべき情報も、雑誌の内容に含めたいと希望するものである。[16]

『帝国林学雑誌』は、イギリスで発行された林学専門誌として初めて、帝国全土からの林学・森林政策に関する情報を集め、発信する媒体となったといえよう。

さらに、『帝国林学雑誌』は、帝国内の林学専門家間の協力関係を強化する試みの一つとして、協会のメンバー如何を問わず全帝国の森林管理官の名前と連絡先を記したリストを作成した。このリストは、一九二三年の段階で約八〇〇人の名前を連ね、森林局をもつ二五か所すべてを網羅していた。このリストからは、帝国内で最大の森林管理官を擁するのがインドであり、[17] 大戦後も、他の地域と比べて圧倒的多数の専門家集団を擁していたことが示されるのである(表6)。

帝国林学協会としては、このリストによって林学専門家の連帯が大いに強化され、また、帝国各地の森林政策や研究の向上に役立つよう期待していた。さらに協会は、帝国内の専門的な森林管理官をより多く協会に加入させるため

表6　イギリス帝国内の森林管理官の数
(1923年：帝国林学協会調べ)

インド	323
カナダ	110
オーストラリア	97
ニュージーランド	50
南アフリカ	49
イギリス	35
ナイジェリア	25
マレー	20
セイロン	17
ゴールドコースト	11
ケニア	8
タンガニイカ	6
ウガンダ	6
ニアサランド	4
キプロス	4
サラワク	4
アイルランド	3
モーリシャス	3
シエラレオネ	3
トリニダード	2
パレスティナ	2
ローデシア	1
英領ギアナ	1
英領ホンジュラス	1
合計	785

出典：'Professional Members', Appendix, *Empire Forestry Journal*, 3, 1923より作成.

表7　帝国林学協会の会員数(1927年)

イギリス	219(52)
インド	161(149)
南アフリカ	64(44)
カナダ	39(30)
オーストラリア	39(29)
マレー	38(37)
ケニア	23(22)
ニュージーランド	22(15)
ナイジェリア	18(17)
ゴールドコースト	9(8)
セイロン	8(5)
タンガニイカ	7(7)
サラワク	6(5)
スーダン	6(6)
英領ホンジュラス	5(4)
アイルランド	5(5)
ニアサランド	5(5)
ローデシア	5(4)
モーリシャス	4(3)
ウガンダ	4(4)
英領ギアナ	3(3)
キプロス	3(3)
ジャマイカ	2(0)
ガンビア	2(0)
海峡植民地	2(0)
パレスティナ	2(2)
アメリカ	2(1)
トリニダード	1(1)
シエラレオネ	1(1)
バハマ	1(0)
エジプト	1(0)
北ボルネオ	1(1)
合計	708(463)

＊(　)内は森林管理官や林学研究者などの専門家の数
出典：'List of Members', Appendix, *Empire Forestry Journal*, 6, 1927より作成.

に、かれらについては購読代を引き下げるなどの策を講じた。というのも、一九二四年の段階では専門的な森林管理官の会員は少なく、一五〇名しかいなかったのである。

一九二七年時点の協会の総会員数は、七〇八名であった。表7によると、イギリスの会員が三〇パーセント以上を占めている。しかしながら、その会員の七六パーセントは林学の専門家ではなく、インド省や植民地省の官僚、退職した将校や植民地官僚、リンネ協会など林学以外の科学協会の会員、材木会社、鉄道会社などであった。他方、植民地や自治領の会員の大多数は現役の森林管理官か、あるいは林学研究機関や教育機関に所属する者であった。[18] つまり、専門的な森林管理官に関するかぎり、インドの会員数はイギリスの約三倍となった。

こうしたことから、専門的な知識、技術的側面から帝国林学の発展を支えたのは、植民地、特にインドの森林管理官であったといえるのである。帝国林学協会と、帝国林学会議の機能は、植民地で始まった林学・森林政策に関する知識や技術を本国に集めることにあった。これらの機関は、第一次世界大戦以前に植民地間で発展していたネットワークを、本国を中心とする帝国林学という形で再編成する役割を果したのである。

三　大戦間期のインド森林局

（一）　帝国林学におけるインド森林局の位置

帝国林学協会が新たにつくり出そうとした帝国林学ネットワークのなかで、インドが以前のような支配的な地位を占めたとは言い難い。既に述べたように、帝国林学協会に実質的に貢献しうる森林管理官の数としてみれば、インドはイギリスやその他の自治領、植民地を圧倒的に越える人数を輩出していた。[19] しかし、協会の運営審議会をみると、三五名のうちイギリスからの代表者が一五名、自治領全体からは一二名であるのに対し、インドからの代表者は二名であった。[20] 帝国林学の中心は、明らかに本国にあった。

さらに、協会を立ち上げた主要メンバーのロヴァット卿やスターリング＝マクスウェル、ロビンソンは、カナダとオーストラリアに幅広い人脈をもっていた。こうした組織上の理由によっても、インドの代表者数の少なさを説明することができるであろう。

また、帝国林学形成の動機となった帝国内の資源管理という観点からみれば、帝国の森林面積の約半分を占め、最大の木材産出量を誇るカナダに協会の関心が寄せられたのは、当然のことといえよう。しかしながら、協会はインドの長期にわたる森林政策の成果や、最も発達した科学的研究の実績を軽視していたわけではない。制度面の模範として、インドの役割はきわめて重要だと考えられた。ロビンソンは、森林が国家経済に果たす真の役割を模範的に示すことによって帝国林学の進むべき道をかたちづくってきたのはインドであると高く評価している。(21) 実際、インド森林局が設立された当初、一八六五―六六年の歳入は、三七八万七〇〇〇ルピーであったのが、一九一六―一七年には、約一〇倍の三七〇六万二〇〇〇ルピーにまで増加していた。(22) インド森林局は、最大規模でかつ最も高度に組織化されていると賞賛されていた。

研究機関に関していえば、整った研究設備や専門スタッフが十分に備わった研究所は、一九二四年、イギリスに帝国林学研究所が設立されるまで、インドとカナダにしかなかった。(23) その他の植民地や自治領では、森林局は比較的小規模で、多額の費用を必要とする科学研究を推進させるほど、政府のなかで強い立場になかったのである。

インドの役割は、林学・森林政策がまだ確立していない地域において、特に重要視された。例えば、協会の副会長を務めるインド森林管理官のT・F・チップは、ゴールドコースト森林局に赴任した経歴があり、「ゴールドコーストの森林問題」と題する論文で、デーラ・ドゥーンの森林研究所で示された豊富な研究結果が高く評価されていると記している。彼は、ゴールドコースト自体は、そうした熟練した研究スタッフを抱える余裕はないことを認めながらも、西アフリカの植民地に同様の研究部門を設立することを、早急に、かつ真剣に考えねばならないと唱えた。(24) また、ウガンダの森林管理官N・V・ブラスネットは、インドの林学研究を参照しつつ、アフリカでも研究が進められるよう力説している。

熱帯の森林管理官は、インドの技術を教わってきた。なぜなら、それが教わることのできる唯一の熱帯独自の技術だったからである。……自然が教えることを探究し、観察結果を的確に分析し、各々が明晰な判断を下すことは、イギリスよりも、熱帯地域の森林を扱う者にはるかに強く必要とされるものである。[25]

『インディアン・フォレスター』を見るかぎり、こうした動きを歓迎するインド人森林管理官は多かったと考えられる。[26] 第三章で論じた、インド森林局を中心とする植民地間の森林局ネットワークの影響は、第一次世界大戦後も継承されていたのである。

インド森林局は、イギリス帝国のなかで最大かつ最高の制度として、大戦後もなお重要な役割を果たしていた。しかしながら、イギリスを中心とする帝国林学が確立していくにつれて、インドはもはや帝国の唯一の中心ではなくなった。なぜ林学の中心が移行したかについては、二つの理由が考えられる。

第一に、これまで論じてきたように、大戦後、それまで林学・森林政策に無関心であった本国イギリスが、政府の支持によって帝国林学の制度化に本格的に着手したことが大きい。一九世紀末以降、イギリスに帰国したインド森林管理官を中心に、学問分野としての林学の確立と、林学教育機関の整備が次第に進められていった。こうした基盤を背景に、帝国林学は劇的に発展しえたのである。

第二に、インドにおける政治情勢の変化が、インド森林局の活動に影を落としたからである。インドでは、一九一九年のインド統治法の施行により、植民地統治機構内部にも、さまざまな変革の波が襲った。さらに、ナショナリズムが高揚するにつれ、森林政策に対する批判がいっそう強まった。この点について、これから見ていきたい。

(二) インド森林局の危機

第一次世界大戦後、イギリスは、ナショナリズムの気運が他の従属植民地に比べて高まっていたインドに対して、支配体制の見直しを迫られた。一九一七―一八年のモンタギュー゠チェルムスフォード報告[27]によって国制改革案が示され、それに基づいて一九一九年のインド統治法が成立した。この改革の要点は、次のようなものである。

第一に、州政府の行政権の一部が、インド人を含む州政府大臣[28]に移譲された。これは「州移管事項」と呼ばれ、教育、農業、産業の開発、保健衛生、地域の自治などの権限の一部であり、林業もここに含まれていた。ただし、外交政策、軍事、関税といった植民地統治の上で重大な事項については、これまでのように、インド総督とその行政参事会からなる中央政府が権限を維持していた。

第二に、州議会に制限選挙制が導入され、中央でも、立法議会と立法参事会の二院制システムが開始した。つまり、イギリスの支配権力と、インド社会の代表民主制を並存させようとする「両頭政治(ダイアーキー)」の実現が目指されたわけである。一九三五年に新たに制定されたインド統治法では、州自治制度のさらなる推進が図られ、インド人の行政への参加や選挙権の拡大が実現した[29]。

これらの改正法は、インド国内の民族運動の激化に直面したイギリス側の政治的譲歩と認識されてきた。しかし、一連の改革を通して植民地統治機構にとって重要度の高い部分については慎重に守られており、イギリスの支配を存続させる手段にすぎないとする意見が現在では主流である。ジュディス・ブラウンは、インド人協力者の地位をより強固にすることによって二重政策を確立しようとしたと指摘し、B・R・トムリンソンは、地方分権によってインド政庁の財政再建を企てたと主張する[30]。「ジェントルマン資本主義論」を唱えるP・J・ケインとA・G・ホプキンズは、インド側にある程度の政治的権利を与えることにより、インド―イギリス間の金融システムを安定化させるという側面が重要であったとしている。[31]

こうした新たな体制の下で、インド森林管理官の雇用についても見直しが迫られるようになった。一九二二年、インド担当大臣モンタギューが任命したイズリントン委員会の勧告にしたがい、インド政庁は、すべてのインド森林管理官の育成を一つのセンター、すなわちデーラ・ドゥーンで行うという案を打ち出した。翌年に任命されたリー委員会も、インド森林管理官制度の採用は、原則的にヨーロッパ人を二五パーセント、インド人を七五パーセントの割合とするべきだと勧告した。[32] このように、インド人の割合を高めようとする見直しは、インド森林管理官だけでなく、全インド諸制度およびインド高等文官制度に所属する官僚に対しても適用された。この動きは「インド人化（Indianisation）」と呼ばれる。こうした状況下で、イギリス国内から採用される人員の減少やイギリス人官僚の早期退職の増加が問題となった。[33] インド森林管理官の間でも、不信や不安感が広がり、イギリス帝国のなかでも際立った業績を築き上げてきた森林局の存続を危ぶむ声が急増した。[34]

多くのイギリス人森林管理官は、「ジャングルでの生活を嫌うとして有名な、高等教育を受けたインド人」は、すぐにはその性格を変えられないと考え、そのため、かれらの森林管理官としての能力が立証されるまで、「強いイギリス人」を森林局の安定のために十分な割合で残しておくべきだと主張した。[35] イギリス人森林管理官は、森林局の新たな段階に直面せざるを得なかったが、かれらは一九世紀半ば以来培ってきた自分たちの地位に固執しようとしていた。

当時のインド森林局長官S・アードリー＝ウィルモットは、森林局の「インド人化」に対して、もっと柔軟な態度を示した。彼は、確固たる専門職業意識による森林管理官の団結を呼びかけ、「かれら〔インド人の森林管理官〕は、強健であり、その熱意は、先輩〔ヨーロッパ人森林管理官〕に劣らぬものである」と主張した。アードリー＝ウィルモットにとってもっと危機的な問題は、「経費節減」にかこつけて、従来の森林政策の転換が迫られていることであった[36]。

彼が言及したように、インドでは、大戦後数年間にわたって緊縮財政政策が行われていた。一九二三年には、インチケイプ卿を委員長として、行政の効率化と経費節減を目的とした委員会が任命された。このインチケイプ委員会は、各行政当局に対して経費の削減や人員の整理を求め、猛烈な反発にあったが、森林局もその例外ではなかった。

森林局が第一に求められた政策の転換は、森林局の活動をもっと商業路線に転向させることであった。森林管理官は、この要請に対し、森林は単に価値ある木材を供給するためだけに保護されているのではなく、気候上の見地や、農業や潅漑と関連の深い土壌浸食や洪水を防ぐなど、さまざまな目的のために守られているのだと反論した。かれらは、森林からの間接的な利益を商業的見地から評価することは不可能だが、直接的な利益よりも国全体の繁栄にとってはるかに重大であると主張した。つまり、ここでも、森林保護の意義として乾燥化理論を用いたのである。

さらに、商業価値がほとんどないとされた森林、つまり雑木林の維持についても、地元の燃料、木材、家畜の飼料などの需要を満たすために保護されていると述べた。無料で雑木林を利用できる者の大半は、森林に近い村の貧民で、森林生産物でなんとか生計を支えており、飢饉の時には、こうした森林には、いっそう需要が増える。そのため、こうした森林を厳密な商業路線で管理するのは困難であるとかれらは説明した。こうした政治的安定にとっての森林の重要性は、森林資源による歳入という視点からだけでは判断できない、というのが森林管理官の論点であった[37]。

インチケイプ委員会の第二の提議は、森林局の業務の一部を木材業者に委ねれば、もっと収益があげられるだろうというものであった。しかし、この処置は、科学的な森林管理を大いに損なう危険性をはらんでいると危惧された。森林管理官は、もし商業面への配慮が、健全な森林管理よりも重要視されるようになれば、結果的に相当な森林破壊は避けられないと警告した[38]。森林局長官アードリー＝ウィルモットは、ヨーロッパやアメリカで報告されているような、商業主義の横行による森林への被害に言及し、森林管理について、林学の専門家ではない商業エージェントが介入することに強く反発した[39]。Ｐ・Ｇ・メノンも、科学的林学が国家の繁栄にとって重要であると論じ、森林局の外部から森林管理の商業化を求める圧力を断固として非難した[40]。

さらに、インチケイプ委員会では、経費節減のために林学研究機関にかかる費用を削減すべきだという意見がだされ、これに対しても森林管理官は強硬に反対した。例えばＳ・Ａ・バーヒッドは、インドの林学研究は世界でもトップレベルにあり、インドの林学の発展に必要な研究費は、長期的に見れば、本当の意味でインドの経済に貢献するものであると主張している[41]。

このように、森林管理官は、乾燥化理論と科学的林学の意義を強調し、従来の森林政策の路線を守ろうとしたのである。同時に、かれらの議論からは、専門家としての自負や地位を固守しようとする姿勢が強くうかがえる。

しかしながら、かれらも、戦後の国制改革やナショナリズムの高揚によって森林局への圧力が高まり、困難な状況に置かれていることを認識せざるをえなかった。一八七八年の森林法制定以来、森林へのアクセスをめぐって住民による森林管理官への攻撃や森林放火が頻発していたが、こうした局地的な反抗が、大戦間期になると植民地支配へのナショナルな抵抗運動のなかに組み込まれていった。

インド人有権者の意志をより強く体現する下院(中央立法議会[42])のなかには、森林政策の重要性を認識している者もいたが、インド人の政治指導者は、概して森林政策に対して否定的な態度をとる傾向にあった[43]。これは、森林局が反対する伐採量の増加によって、短期間で歳入が増加すること、また、住民のアクセスを制限する森林管理が植民地支配の象徴とされたためであった。

さらに、土地政策をめぐる収税局との対立も再燃した。収税局は、森林へのアクセスを禁じられた現地住民の不満が高まっていることを理由に、一八七八年の森林法制定以降に森林局の管轄へ移された土地の半分以上を、放牧地として地元の利用に供する方が適していると主張して、収税局の管轄下に取り返した。(44)

このように、二〇世紀初頭と比べると、大戦間期のインド森林局をとりまく状況は、厳しいものになっていた。インド森林局は、もはや大戦前と同じように植民地間の森林局ネットワークの中心として機能するのは困難になっていたが、帝国のなかで最も古くから培ってきたインドの森林政策の経験が、新たに確立しつつある帝国林学のなかで要となるべきであるという自負は失わなかった。(45) インド森林管理官は、帝国林学において、インドをはじめ植民地の利害を積極的に反映させようとした。これからみていくように、帝国の環境保護主義を確立する上で、かれらは重要な役割を果たしたといえるのである。

四　帝国林学にみる環境保護主義

(一)　帝国内の森林資源

ここからは、主に帝国林学会議の議事録、報告書、決議などを分析することにより、いかなる環境認識が帝国全体に共有されたかを見ていく。R・ラジャンが指摘するように、帝国林学会議はイギリス帝国の林学・森林政策に関与する者にとって議会のような機能を果たしたといえよう。(46) 一九二〇年にロンドンで初めて開催され、その後一九二三年に第二回会議がカナダで、一九二八年に第三回会議がオーストラリア・ニュージーランドで、一九三五年に第四回会議が南アフリカで開かれた。第五回会議はインドで一九四〇年に開催が予定されていたが、第二次世界大戦のため、中止された。会議の参加者の多くは、各地の森林局あるいは林学研究機関に所属する専門家であったが、植民地省や科学・産業調査局、帝国協会の代表も参加していた(**巻末付録**を参照)。また、開催地では、首相や大臣などが開会演説を行った。

この会議によって、帝国全体で情報を交換し、林学研究を発展させ、組織的な森林政策を進めることが可能となった。また、帝国各地の森林管理官の専門家としての地位と連帯を強化する働きもした。

すでに指摘したように、帝国林学形成の動機となったのは、帝国内の天然資源の持続的開発であった。帝国林学会議の主な目的は、帝国規模で森林を保護、管理し、活用するために効果的なシステムを構築する手段について専門家間で話し合うことであったが、同時に政治家や官僚に対して森林政策の意義を強く訴えることも重要であった。第一回会議の開会演説ではロヴァット卿が、第一次世界大戦までのイギリス人の森林政策に対する無関心な態度を「ヨーロッパの中でも最悪」と痛烈に批判し、帝国規模で森林を保護することが緊急の課題だと繰り返し強調した(47)。帝国林学会議の審議内容や決議は、各地からの代表によって持ち帰られ、各政府内で森林政策の改善に反映されるよう求められた。また、帝国林学会議の主要メンバーは、帝国会議の特別森林委員会のメンバーと重なっており、森林政策の改善が帝国規模で推進されるべく働きかけてもいた。

第一次世界大戦直前の段階で、帝国内の木材の総輸入量は、毎年一億五〇〇〇万立法フィートも輸出量を超過していた。こうした事態には主に二つの要因があった。まず、最大の木材輸入国イギリスが、輸入の八八パーセントを北ヨーロッパ(ロシアやスカンジナビア)や南西ヨーロッパ、アメリカなど、帝国外の地域に頼っていたことが挙げられる。次に、帝国内最大の木材輸出国、カナダにとって、最大で、かつ、最も利便性の高い市場がアメリカであったことも、大いに影響した(48)。

帝国内で最も早い時期から組織的な森林政策を進めたおかげで、自国の産業の発展に必要だと見込まれる木材を永続的に産出できるとみなされたのは、インドだけであった。カナダの木材伐採量は、一九一二年から減りはじめた。オーストラリアについても、森林は明らかに伐採過多の状態であるとされた。アフリカのほとんどの地域では、森林政策はまだ始まったばかりであった。[49] こうしたことから、持続的な木材の供給を確保し、帝国内の木材貿易を促進するためには、各地の森林政策を見直し、木材の持続的産出を可能にするシステムを帝国規模で確立する必要があった。

会議出席者の危機感をあおったのは、帝国内の森林枯渇だけではなかった。帝国外の木材産出地、北ヨーロッパやアメリカからも森林枯渇の報告が続出するようになり、近い将来、「世界木材飢饉(World Timber Famine)」が起こるという議論が高まっていたのである。[50] 実は、二〇世紀初頭から、森林管理官が世界規模で森林枯渇が進んでいることに警告を発していたが、第一次世界大戦中の深刻な木材不足を経験することにより、こうした警告は、大戦前に比べるとはるかに切実な問題として真剣に受け止められるようになった。

イギリス帝国の森林管理官は、北ヨーロッパやアメリカの森林枯渇により、木材供給量の激減と、それに伴う木材価格の高騰が生じるであろうと予想した。これまでのような帝国外からの大量の木材輸入は、やがて不可能になるとの危機感から、帝国内のコンサベーションの必要性をますます強調したといえる。

それでは、会議の論点について見ていきたい。第一回の帝国林学会議の決議第一項で決定され、その後の会議でも引き継がれた森林政策の基本姿勢とは、次のとおりである。

(一)あらゆる種類の木材を持続的に産出すること。(二)木材やその他の森林生産物を最も経済的に活用すること。(三)農業や水の供給のために気候状態を維持し、あるいは改良すること。これらは、帝国全体そして帝国を構成する各地域にとって、きわめて重要である点を考慮し、帝国内の各政府は、適切に制度化された森林局によって

運営される、安定した森林政策をうちたてるべきである。(51)

帝国全体にこの「安定した森林政策」を確立するためには、現在の森林の状態や木材産出量、将来的な需要などに関して各地からデータを集め、統合・分析し、その結果を普及させること、帝国規模で森林局や森林法の整備を進めることが必要とされた。さらに、森林管理官の教育制度についても見直し、より高度な専門教育や研究を行うことができる機関をイギリスに設立すべきだとの主張が多く見られた。前述したように、こうした声に応える形で、一九二四年、オクスフォード帝国林学研究所が設立されたのである。さらに、将来的に帝国内で木材が自給できるようにすることを目指して、各地の木材資源の調査結果を集め、森林産業を組織化し、植林のための苗木の流通を促進することなども決議に盛り込まれた。

第二回会議では、基本的に第一回会議のアジェンダを踏襲して、木材や森林生産物の帝国内での貿易促進、森林生産物の活用に関する調査が注目されていたが、特に、今後、需要の増加が見込まれる針葉樹の状態に関する調査に関しては個別に委員会が設置され、関心を集めた。

この会議で注目すべき点は、議長ロヴァット卿が、今後の会議における議題の優先順位について明言したことである。最も優先されるべきは、帝国全体にとって重要な問題であり、次に会議の開催地にとって特に重要な問題、最後に会議開催地以外の地域から提出された問題だと決定された。会議開催地カナダが重要な問題としてアジェンダに挙げた森林火災への対策は委員会に取り上げられ、決議に反映された。また、カナダの育林技術の向上についても同様に委員会が設置され、その成果が決議に上った。

もう一つ指摘すべき点は、開催地カナダ以外から挙がった唯一の議題として移動耕作の問題が議論されたことである。ナイジェリア、セイロン、ケニアの代表者が深刻な被害をもたらすと主張した、野焼きを伴う移動耕作は、インドなど熱帯植民地全般でも問題となっていることが示され、その対策も委員会で議論され、決議に入れられた[52]。

こうした決議からは、帝国内の森林資源を包括的に調査し、持続的に産出できるよう具体的な対策を練るという意図が明らかである。さらに、帝国内で産出された森林資源をいかに帝国内で有効活用できるかという問題意識もはっきりしている。他方で、インド森林管理官が「森林の間接的な有用性」と呼んだ、森林が気候や土壌に及ぼす影響は、帝国林学会議のなかでどのように取り上げられ、議論されたのか、次にこの点に関して見ていこう。

(二) 森林と気候、水保全、浸食との関連性

第一回・第二回会議では、インドやアフリカ、オーストラリアからの代表者が、森林枯渇と土壌浸食との関係について報告した。すでに挙げた決議第一項のなかで、木材の持続的産出と有効活用に並び、「農業や水の供給のために気候状態を維持、あるいは改良する」ことも森林政策の意義として取り上げられたが、両会議中にこの問題が中心的な話題になることはなかった。しかし、一九二八年、オーストラリア・ニュージーランドで開かれた第三回会議で、アジェンダに変化が見られた。森林と気候、浸食との関係が初めて主要議題の一つとして挙げられたのである。

森林と土壌浸食との関連は、会議開催地であるオーストラリアやニュージーランド政府が関心を寄せる議題として取り上げられた。というのも、オーストラリアでは、一九世紀後半に始まった土地開発のブームが第一次世界大戦の終戦直後から再燃し、入植者は「未開」の乾燥地域に入り込み、耕地化していった。しかし、こうした無限の開発という動きを支えた楽観的な見通し、つまり、人間が自然を作り変えることができるという過信は、繰り返される失敗を前にして、一九二〇年代末から三〇年代には急速に消えていったのである[53]。

帝国林学会議の開催された一九二〇年代末は、オーストラリアで土壌浸食の被害が深刻に受け止められはじめた時

期であった。会議の出席者は、会議中に催された視察旅行で実際に土壌浸食の例（図15）を目の当たりにした。さらにインドやセイロン、ケニア、ナイジェリア、カナダなど帝国各地から土壌浸食や洪水、水源の枯渇の例が報告されたことによって、森林破壊や移動耕作、山火事や過放牧によっていかなる結果が引き起こされるのかを実感せざるをえなかった。森林破壊と土壌浸食との因果関係は会議で承認され、オーストラリアでは、洪水の解決策として水源や丘陵地の森林保護策が検討された(54)。

図15　オーストラリアの放牧場

過放牧によって地表の植生が破壊され，風食によって土壌が流出した．地中にあるはずの灌木の根が18インチ〜2フィート（約45〜61センチ）もあらわになっている．

出典：G. V. Jacks and R. O. Whyte, *The Rape of the Earth : A World Survey of Soil Erosion*, London, 1937.

一方、森林と気候との関係については、地域的に気候へ何らかの影響を及ぼすと考えられるが、それを決定的に証明する十分な証拠はまだないと結論づけられた。しかしながら、温帯気候よりも熱帯気候の方が、森林のこうした影響は強いであろうという見解が示された(55)。

一九三五年、南アフリカで開催された第四回会議では、森林と土壌浸食や水保全との関連について、これまでに見られないほど活発な議論が交わされることとなった。まず、開会演説では、会議の総裁を務める南アフリカ農林大臣レイツ大佐が、土壌浸食という深刻な問題について全参加者の注意を促したいと述べた。彼は、土壌浸食が南アフリカ政府にとって特に関心を払ってきた問題であると指摘し、この会議で何らかの解決策が示されるよう求めた。さらに、彼や副総裁の農務・森林局長官ヴィルジョン博士は、植林が水の供給に及ぼす影響の問題に関しても言及し、会議に対して信頼すべき見解を示すよう求めた(56)。

こうして、第四回会議では、「森林のもたらす諸影響」という題目のセッションが設けられ、二日間にわたり、活発な議論が交わされた。インドからは、ヒマラヤ外縁地帯の過放牧による森林荒廃の状況と、その結果としての土壌浸食の被害が報告された。オーストラリアからは、マリー川の集水域で大規模な森林が放牧地に変えられた結果、流量が減少し、季節による変動が大きくなり、クイーンズランド南部、ニューサウスウェールズ、ヴィクトリア、南オーストラリアの広範囲にわたって土壌浸食や風食被害が広がったという報告がなされた。カナダからは、セントローレンス川の水面低下やオンタリオ湖周辺の洪水や浸食などといった東部ばかりでなく、西部でも森林破壊の影響が表面化しはじめていると指摘された。南アフリカでは、集水域の農地・牧草地化や草原(veld)の火入れ、過放牧が、土壌浸食や乾燥化を進行させると問題視されていた。ナイジェリアでも、灌木林(bush)や草原の火入れ、移動耕作が原因で乾燥化が進行し、北部の気候がサハラ砂漠と同じような状態になりつつあるという危機感が示された。ローデシア、ニアサランド、ケニア、キプロスからも、同様の観察や研究結果が報告され、森林破壊が引き起こす土壌浸食や洪水、水源の枯渇による被害を会議の参加者に強く訴えたのである(57)(図16・17)。

こうした議論では、乾燥化理論を立証するための科学的データを示すというよりは、むしろ森林と土壌浸食・水保全との因果関係はすでに自明のものとし、各地の森林破壊の状況、それに起因する被害の状況、またその対策の効果について話し合われた。議論を通じて顕著だったのは、各地域の代表者が、それぞれの事例を統合することで、乾燥化という問題のさまざまな局面を明らかにしたいというスタンスをとっていたことである。

カナダの森林局長官E・H・フィンリーソンは、「帝国全体の問題として議論すること」を強調し、次のように述べた。

もちろん、それぞれに異なる点があることは事実である。しかし、われわれがこの問題の原理について考察し、この問題の本質に取り組むとき、その差異よりも類似点に衝撃を受けるといわざるをえないのだ。(58)

セッションに参加した森林管理官は、おおむね彼のように、気候の異なる帝国各地で起こっている諸問題は、根本的には同じ問題であると認識していた。かれらは、帝国各地からの報告をケース・スタディとして集めることにより、乾燥化を普遍的な問題として各国政府に訴えようとしたのである。

会議のセッションとは別に、レイツ大佐の要請により、森林と気候、水保全、浸食との関連性に関する委員会が招集された。ここではインド森林局長官C・G・トレヴァーが委員長となり、森林と気候、水源の保持や浸

図16　火災によって消失した林（南ローデシア）

図17　ニアサランドにおける土壌浸食の例

火入れにより自然植生が破壊されたわずか2年後に表層浸食が発生した.

出典：G. V. Jacks and R. O. Whyte, *The Rape of the Earth : A World Survey of Soil Erosion*, London, 1937.

食との関連について報告をまとめるよう任されたのである。主催国南アフリカの代表者ではなくインドの森林管理官が委員長を任されたのは、森林と乾燥化との関連性が、第一次世界大戦前からインド森林管理官に重視されていた問題であり、最も研究の蓄積があると見なされていたからである。

この委員会には、帝国林学研究所所長トループ、南アフリカの森林管理局長J・D・キートと森林管理官A・オコーナー、ナイジェリアの主任森林管理官J・R・エーンズリー、タンガニイカの森林管理官W・F・バルドック、ウガンダの森林管理官ブラズネット、カナダの森林局長官フィンリーソン、オーストラリア森林委員会委員長A・V・ガルブレイス、バストランドの農務局長官R・W・ソーントンが参加した。この他にも、南アフリカからは、潅漑委員会(Irrigation Commission)委員長R・ファン＝リーネンなど土木工学の専門家や、南アフリカの降雨量の変化についての研究で知られるプレトリア大学の農学者W・R・トンプソン、ヴィトヴァーテルスラント大学の植物学教授ジョン・フィリップスも召集された。

この委員会報告書は、大きく(一)森林と気候、(二)森林と水の保全、(三)浸食、(四)草原の火入れに分けられ、気候も植生も異なる帝国内のさまざまな地域の事例とともに、アメリカなど同じ問題に悩む帝国外の研究結果にも依拠していた。

(一)は、第一次世界大戦前にインドの森林管理官がしきりに論じていた、森林が降雨量を増加させるか否かという問題であった。この点について、森林の有無が気候条件を大きく左右することはなく、森林に国や地域全体の気候を変える機能はないとしながらも、大規模な森林の周囲では、確実に降雨量が増加すると結論づけられた。

むしろ森林の機能として重視されるようになっていたのは、雨を増やすことよりも、雨を蓄え、効率的に利用することであった。この問題は(二)でまとめられ、水源を保持し、河川の流量を安定化させることが森林の最も有益な影響として確認された。そして、帝国全体を通して、すべての主要な集水域が森林として永続的に管理されることを求め、そのために植林が進められるべきことが強く推奨された。

(三)では、誤った土地利用が浸食や洪水を引き起こしたとして、耕地や放牧地の拡大による大規模な森林破壊が非難され、地形や土壌に合わせた森林と農地・放牧地の適切な配置を考慮する必要性が訴えられた。さらに、浸食防止のための土木工事には高額の費用がかかるため、むしろ丘陵地の森林を保護することに力を注ぐべきだと指摘された。

(四)については、移動耕作・放牧に伴う火入れによって、植生が回復不可能なダメージを受け、土地は荒廃し、表土の肥沃度が失われ、自然のバランスが大きく崩れるという点が問題視された。結論として、火入れを禁止することは無理でも規制を強化すべきであるとの見解が示された。

この委員会報告書が提出された後、会議は、さらに二回のセッションを行い、森林と気候、水源の確保や浸食との関連は、初めて帝国林学会議の決議の一つに挙げられた。その決議第二項では、森林の影響力を政府に強くアピールするものとなった。

森林は、水保全、土壌浸食や安定した気候状態の維持に有益で重大な影響を及ぼすという観点から、会議は帝国内の各政府に対し、集水域や、特に浸食や乾燥化の被害を受けやすい土地の森林域を維持するよう強く促す。また、会議は、この問題全てに関する科学的調査の重要性を南アフリカ政府とその他の帝国各地の政府に訴え、委員会報告の写しを提出して、政府に特に考慮してもらうよう迫る。(59)

こうして一九三〇年代になると、乾燥化の問題は、木材の供給とならび、帝国の運営に関わる帝国全体の問題として認識されるようになったのである。第四回会議後に開催された帝国林学協会の年次総会では、議長が次のように述べている。

これまで多くの人々は森林を単に天然資源の宝庫として評価するという好ましくない傾向にあったが、これ〔第四回帝国林学会議〕を機会に、森林が気候、水の供給と浸食に及ぼす影響が、いかなる地域にとっても資源と同様に重要であることが明らかになった。[60]

一九三五年以後、協会の年次総会では、帝国内の土地計画、水源の保持、土壌浸食への対策についての全般的な問題が議論されるようになったのである。[61]

(三) 帝国の問題としての乾燥化

それでは、資源管理が主な関心事であった帝国林学会議で、なぜこのように乾燥化理論が、深刻に取り上げられるようになったのだろうか。すでに指摘したように、会議のアジェンダには、開催地の問題関心も、大いに反映された。南アフリカだけでなく、アフリカのその他の植民地では、前回会議開催地のオーストラリア・ニュージーランド以上に乾燥化の問題に特に強い関心が寄せられていた。

というのも、第一次世界大戦後になると、南アフリカ以外のアフリカ大陸の諸地域でも、投資と開発が大幅に進められていくようになったからである。一八五〇〜一九二〇年の七〇年間に六一〇〇万ヘクタールと推定される熱帯アフリカにおける森林消失面積は、一九二〇〜五〇年の三〇年間には八七〇〇万ヘクタールと急増し、この消失面積は、同時期の南アジア(三八〇〇万ヘクタール)を大きく上回るものであった。[62] 森林破壊が進むにつれ、アフリカ大陸では、乾燥化が深刻な問題として浮上した。人口の増加にともなう農地の拡大や過放牧が、乾燥化の進行をさらに加速すると見なされた。こうした乾燥化の進行に対する危機感は「サハラ砂漠の拡大」という言説を生み出し、植民地の官僚や科学者の間では、アフリカを「潜在的に旱魃と飢饉に苦しめられる大陸」と見なすようになったのである。[63]

森林破壊と気候や土壌の乾燥化の問題に対する科学者の注目の高さは、雑誌論文の掲載数にも表れた。南アフリカ科学振興協会や、王立アフリカ協会の機関誌『南アフリカ科学雑誌(*South African Journal of Science*)』や『王立アフリカ協会雑誌(*Journal of the Royal African Society*)』は、第一次世界大戦前はほとんどこの問題を取り上げていなかったのが、一九二〇年代から関心を寄せるようになったのである。[64]

例えば、南アフリカ科学振興協会では、一九二三年に旱魃に関するシンポジウムが開催され、ファン＝リーネンやE・シュワルツらが、旱魃や土壌浸食の現状や、その解決策について報告を行った。[65] さらに、『南アフリカ科学雑誌』は、翌年にJ・ションケン博士の「乾燥化とその測定の方法」と題する論文を取り上げた。乾燥化(desiccation)という用語は、アフリカの科学者の間で特に頻繁に用いられた。ションケン博士は、南アフリカにおける長期的な気候変化のデータから、森林枯渇は、降雨量の分配に確実に影響してきたと主張した。彼はさらに、水の供給を保持し、河川の流れを規制し、降雨量を調整するためには適当な木を植林する必要があるとし、そのためには商業的には有益な木材を産出する外来種の植林よりも、原生林や低木林が望ましいとも述べた。[66]

一方で、会議では、乾燥化問題をアフリカに限定された問題としては取り上げてこなかった。アフリカで起こっている乾燥化の問題は、オーストラリアやカナダ、インドなど帝国各地で起こっている問題と本質的に同じであると認識されていた。会議の議論においても、森林と気候、水保全、浸食との関連性に関する委員会の報告書のなかでも、「この問題は南アフリカだけでなく、帝国全体にとって、さらに世界全体にとってきわめて重大なものであるという事実」は、しばしば強調された。[67]

さらに、イギリス帝国外からの乾燥化による被害、特にアメリカのグレートプレーンズにおける土壌の流出や砂塵被害は、ヒマラヤの外縁やオーストラリアの高地、アフリカのサバンナで起こっている事態と同一視された。[68] W・バイナートやデイヴィッド・アンダーソンが論じているように、この一九三〇年代のアメリカ中西部を襲った「ダスト・ボウル」が国際的に与えた影響は、ひじょうに大きかった。[69] こうした、世界各地で同時期に起こった乾燥化による被害のインパクトが、帝国会議のアジェンダにも及んだと考えられる。[70]

帝国林学の形成を主導したイギリスの官僚や林学専門家の目的は、帝国内の木材供給を持続的に確保することにあった。しかしながら、帝国各地から報告される土壌浸食や水源の枯渇による被害の大きさが顕在化するにつれて、かれらも、森林枯渇が引き起こす土地や気候の乾燥化の問題を深刻に受け止めるようになったのである。

インドをはじめ多くの熱帯植民地にとって、乾燥化は第一次世界大戦前から重要な問題であった。これが大戦間期になると、本国を除くほとんどすべての地域から、乾燥化による被害の情報が帝国林学の中心イギリスに集められるようになった。各地の情報は、『帝国林学雑誌』を通してだけでなく、イギリスの伝統的な科学協会でも報告された。例えば、チップは、一九二六年オクスフォードで開かれたイギリス科学振興協会の年次総会で、熱帯諸国における森林枯渇の危険性について、「最近、パプア、ニュージーランド、マレー、セイロン、ヒマラヤ山脈、熱帯アフリカや西インド諸島から、丘陵地の森林破壊の拡大と、その結果生じた損害で苦しめられている証拠が報告されている」と発表し、森林破壊が土壌浸食や水源の枯渇など深刻な被害をもたらし、その影響が帝国規模に及んでいることを強調した。[71]

帝国林学会議の「森林のもたらす諸影響」というセッションで議論に参加した人々は、乾燥化の進行は、帝国の発展のために必要な農作物の生産に大規模な損害を与え、これ以上の経済発展が望めなくなると論じた。なかには乾燥化が帝国の衰退をもたらすと警告する者もいた。[72] 地形や土壌など綿密に調査した上で、森林と農地・放牧地をそれぞれ適切な場所に配置しながら持続的開発をめざすこと、またダムなどコストのかかる土木事業に依存するのではなく、森林によっても洪水などの自然災害を抑止することを強調することにより、森林保護は単に木材の持続的供給の手段としてではなく、帝国の安定を図るために必要な土地経営戦略の一環となったのである。

むろん、このような森林を含めた合理的、効率的な土地経営のためには、森林局と農務局、土木事業局など他の行政局や他分野の科学者との協力が必要であった。「森林のもたらす諸影響」というセッションでは、ヴィトヴァーテルスラント大学の植物学教授フィリップスや土木工学教授サットン、バストランドの農務局長官ソーントン、南アフリカ潅漑局員ロバーツらが発言したが、かれらはおおむね乾燥化理論の有効性を認め、乾燥化対策のために森林局と協力体制を築くことに賛同した(73)。

すでに指摘したように、多くの森林管理官が主張する乾燥化理論の有効性については、第一次世界大戦前から科学者のなかでも賛否両論があった。森林枯渇が土壌浸食や旱魃を引き起こすという森林管理官の主張は、時に特定地域の森林局の利害を反映し、土地政策に介入する口実と見なされ、農務局や土木事業局から、乾燥化理論は科学的に立証されていないと批判をあびることが多かった。

しかし、大戦間期になると、土木工学や土壌学の専門家の多くは、土壌浸食や洪水の抑止に森林保護が有効であるという考えを支持するようになっていた(74)。土地政策をめぐる森林局と農務局との対立は依然として続いていたが、農業に森林が及ぼす影響の重要性を認める者が増えつつあったことは確かである。このように、帝国内の科学官僚の間で乾燥化理論の有効性を認める者が増していくにつれ、土地政策を決定する際に森林の水源涵養機能や浸食防止機能が考慮されるようになっていった(75)(図18)。

（四）熱帯植民地の農業と森林

第四回帝国林学会議では、乾燥化の問題に絡み、「熱帯林学と農業との関連」と題するセッションも開かれた。森林と農業との関連については、会議開催以前から『帝国林学雑誌』上で論じられていた。一九二〇年代の『帝国林学雑誌』では、森林と乾燥化の問題を扱う論文や書評は、森林資源の持続的開発に関するものに比べ、多くはなかったが、重要な点は、こうした論文のほとんどは、熱帯植民地の森林管理官から報告されたものであったことである。というのも、農業が主要産業である熱帯植民地にとっては、乾燥化の問題は、資源管理同様に重要な問題であったからである。

例えば、前述のチップによる論文は、森林保護において、森林枯渇による乾燥化の進行、降雨量の減少という側面は、木材などの天然資源の供給よりも重要な問題であり、森林を犠牲にした農業の拡大は、最終的には農業そのものに壊滅的打撃を与えると警告している[76]。乾燥化理論ついて、彼はヨーロッパやアメリカ、インドでなされてきたような科学的実証は示していないが、ゴールドコーストに長い間居住していたヨーロッパ人による報告や記録、さらに急速な気候の悪化を主張する現地住民の証言などを、歴史的な証拠として引用した[77]。また、森林が農業に及ぼす影響について、第一次世界大戦前のインドにおける議論の展開と同じような傾向をみせてきたと指摘している。大戦間期には、農業に依存する多くの熱帯植民地の土地利用は、関連する当局にとって、最も重大な問題の一つになっていたといえよう。

例えば、セイロンの多くの川底では、丘陵地から流れ出た土壌が厚く沈殿して問題となっていた。農業に影響する土壌浸食の問題は、一九二三年から農務局で真剣に取り上げられるようになり、いかに土地を利用するかという問題が、農務局と森林局の間で、本格的に議論されはじめた[78]。南アフリカでは、水の供給や土壌浸食の防止、旱魃の緩和を目的とした森林政策が一九二〇年代までに、いくつか着手されるようになった[79]。熱帯アフリカ植民地でも、一定以上の傾斜の丘陵地の森林伐採が禁じられるなどの政策がとられるようになった[80]。

その一方で、大戦前のインドのケースで示してきたように、森林局と農務局との対立が速やかに解消されたわけではなかった。例えば、トリニダード・トバゴの森林管理官は、土地利用の点で、農務局の無知や無能を非難し、森林に関する知識や経験が、もっと土地政策に取り入れられるよう強く求めている[81]。いずれにしても、乾燥化理論の有効性は、第一次世界大戦前よりも政府内で認められるようになり、多くの地域で土地政策に反映されるようになったといえるだろう。

こうした熱帯植民地における森林と農業との密接な関係は、植民地相の農務関連顧問F・A・ストックデールによって「熱帯環境における森林と農業との関連」という報告書の形でまとめられ、第四回会議に提

図18　土壌浸食を防止するための土木事業に植林が併用された例（ホシアルプル，パンジャーブ）

1939年につくられたが（上），1945年には草木が生い茂り（下），浸食が緩和された．

出典：R. M. Gorrie, *Soil and Water Conservation in the Punjab*, Simla, 1946.

出された。彼は、過去五〇年の間に熱帯農業が著しく発達し、茶やゴム、ココナツ、カカオ、コーヒー、綿花などの商品作物が各地で産業として確立したが、その一方で、大規模な森林を犠牲にしてきたと指摘した。彼は、多くの森林管理官と同様に、大規模な森林破壊が土壌浸食を引き起こし、アフリカや南アジア、西インド諸島で農業に打撃を与えていると考えていた。今後、商品作物の生産がますます拡大し、さらに、アフリカの多くの地域で見られるような人口の増加を支える食糧の増産を可能にするためには、これまでのように集水域の森林を伐採するというような無秩序な土地開発を見直すべきであると提言した。(82)

この報告書では、随所に熱帯農業の発展には、森林局との協力が不可欠であるとの主張が見られ、「熱帯林学と農業との関連」と題するセッションに参加した森林管理官は、この報告書をきわめて好意的に受け取った。このセッションでは、熱帯農業に林学がいかに貢献しうるかが話し合われ、アフリカ各地やインドからの代表者による報告から、森林局と農務局が協力すべき課題がまとめられた。その一つは、「森林のもたらす諸影響」セッションでも論じられた集水域の森林保護および森林、農地、放牧地の配分の問題であった。

もう一つは、現地住民による移動耕作と過放牧の問題であった。特に後者については、参加者の強い関心が示され、有効な規制方法をめぐり意見が交わされた。(83)結局、この問題も決議として採択され、第九項では、熱帯植民地において林業と農業は密接な関係にあり、諸問題に対して協力して対処すべきであると定められた。(84)

乾燥化に関わる二つのセッションにおける議論から明らかになったのは、乾燥化が帝国各地に共有される普遍的な問題として認識されたことである。しかし、なかでも熱帯植民地にとって、乾燥化による農業への打撃は、死活問題であった。熱帯植民地の森林管理官が、帝国に向けて熱心に乾燥化のプロパガンダを行ったのは、乾燥化によって主要産業である農業が壊滅的な被害を受ける可能性があったからである。乾燥化によって各地で農業生産性が低下するということは、帝国内の商品作物の生産高が減少するということを意味した。だからこそ、熱帯植民地の問題が帝国の問題として認識されたといえるのである。

第六章　森林保護の国際化

一　国際的な林学ネットワークの形成

第三章で論じたように、第一次世界大戦以前に、イギリス帝国という枠組みを越えた森林管理官のネットワークが形成されていた。林学のみならず植物学、地理学などさまざまな科学分野においても同様に、科学者による国際的なネットワークを通じて、研究結果や情報の交換が行われていた。一九二〇〜三〇年代になると、こうした科学者の国際的なネットワークは、国際会議の開催を通じてますます強化され、世界規模で情報や研究結果を交換し、共有する体制が整えられていった。これは、多くの国々にとって共通の問題を、国際レベルで捉えていこうとする動きを示唆するものである。

大戦間期の科学のインターナショナリズムをどう理解するかについて、さまざまな見解が示されている。E・R・ブラウンやハリー・クレヴァー、ドナルド・フィッシャーは、国際連盟や世界保健機関、ロックフェラー財団のような国際的な医療や公衆衛生に関する活動の実態は、国際協力という名の下に帝国の人的資源を確保する目的が隠されており、その意味で「より新しい形の帝国主義」の範疇に入れられるとする(1)。

他方、地理学のインターナショナリズムを分析するモラグ・ベルは、国際協調を重視する姿勢が二〇世紀初頭に芽生えたと論じている。彼女は、帝国主義時代の末期には国際意識の萌芽がみられ、大戦間期には、国家間の激しい競争は、「時代後れ」になったと主張する。これは、科学者間の国際協力によって、学問分野全体の発展という恩恵が得られるという認識から起こった動きであるというのが、彼女の議論である(2)。

この章で取り上げる国際林学会議の出席者はすべて科学者で構成され、各国の政治、経済的問題から距離を置き、純粋に科学の発展のためだけに議論が交わされるよう努める姿勢がうかがえた。政治的な関係が悪化した国の代表者の間でも、衝突が見られなかったのは、このためであると考えられる。国際林学会議を主催した国際林学研究組織連盟は、第二次世界大戦中、活動が以前と比べて弱体化したことは事実であるが、科学者の国際的な提携が乱れたという影響があったようには見えない。例えば、ドイツやイタリアからの代表者が、大戦中も連盟の中心的地位にあったことは、科学者の国際的な活動が、政治的状況からある程度独立していたことを示すと考えられる。しかしながら、こうした科学のインターナショナリズムを、科学の普遍性と同様に、科学の本質とする見方は、科学を理想化しすぎているように思われる(3)。

森林保護のための国際的なネットワークの形成が進められたより根本的な要因は、世界規模での森林枯渇への不安であった。二〇世紀初頭から、森林管理官の間では、世界中の森林資源の枯渇が問題視されるようになっていたが、第一次世界大戦後には、近い将来に「世界木材飢饉」が起こりうるという懸念は、世界中の森林管理官だけでなく、各国政府にも共有されるようになった。

世界木材飢饉への危機感を一気に高めた著作として有名なのが、アメリカの森林局研究主任ラファエル・ゾンによる『世界の森林資源』であった(4)。この本は、初めて包括的に世界の森林調査を試みたものであり、各地の森林面積や分布図、木材や燃料の生産量と消費量、森林の成長率と消耗度などのデータが示された。今日の調査結果からみれば、こうした数字には欠陥があるといわざるをえない。しかしながら、この本は、初めて世界規模で森林の置かれた状況を明らかにし、そこから予測される未来像、つまり世界木材飢饉をはっきりと提示するものであった。ゾンは、今後、世界の人口が増加するにつれ、それに見合うだけの農地が必要になり、その結果、世界の森林面積は、この先も間違いなく減少しつづけるであろうと考えた。これからヨーロッパや北アメリカで植林が進んだとしても、世界規模の森林消失を埋め合わせるには不十分であろうというのが彼の予想であった。未開発のシベリアや熱帯の森林が開発されれば、あと数十年は森林資源の供給が続くと思われるが、こうした地域が経済的に発展するにつれ、これまでの他の地域と同様に森林資源は浪費され、搾取される運命をたどるであろうと悲観的な見方を示したのである。(5)

天然資源への関心は何も新しいことではないが、二〇世紀初頭から始まった「世界木材飢饉」論が、以前の時代と比べて決定的に異なるのは、天然資源の枯渇を次第に世界規模で捉えるようになったこと、さらに、無制限な開発が文明に及ぼす負のインパクトを考えるようになった点である。たいていの場合、天然資源の分配に関する議論には国家間の競争という面が避けられない。しかしながら、木材は石炭や石油とは異なり、森林が適当に保護、管理されさえすれば、持続的な産出が可能となる。そのため、国際協力によって林学が発展すれば、自国に必要な森林資源が将来的にも確保できるという点で、各国の利害は一致した。イギリスは、将来的には帝国内で木材を自給しようと計画はしたが、帝国外からの大量の木材輸入に依存していた当時の状況を考えれば、地球規模で森林保護が進められるよう支援する必要があった。森林に関するかぎり、世界は一体化したといえよう。(6)

さらに、森林は木材という観点からだけでなく、水や土壌など地球上の重要な資源の保全との関連からもグローバルな関心が寄せられはじめていた。『インディアン・フォレスター』に投稿された論文では、次のように述べられている。

耕地がこれから減少していくとは考えにくい。むしろ耕地は、おそらく今ある森林を主に犠牲にして増加していくであろう。もしわれわれが、世界中で現在の降雨量を維持したいと願うなら、全世界の現存する森林地域をどうしても維持しなければならないということになる。さらに、もしわれわれが降雨量を増やしたいと望むなら、荒蕪地に植林して森林地域を拡大する必要がある。……森林地域は、世界的な合意の下、国レベルで維持されていくであろう。というのも、森林が蒸散によって水分を大気へ供給する効果は、明らかに世界的な規模であるためである。他方、大気中の水蒸気を降水させる森林の効果は、一般的に多かれ少なかれ地域レベルのものである。(7)

このような、地球規模の森林破壊への危機感は、第一次世界大戦後ますます広がっていった。これからも増えつづけると予想される世界の人口を支えるには農作物の増産は不可欠であり、そのためには地球上の水や土壌を保全し、賢明に利用することが必要であった。しかし、前章で指摘したように、一九二〇年代末から三〇年代にかけて世界各地から土壌浸食や洪水、水源の枯渇、旱魃などの「破滅的災害」が報告されるようになっていた。

この世界各地で同時期に起こった乾燥化による被害のインパクトは、科学者の重大な関心を惹くことになった。一九三〇年代には、林学をはじめさまざまな科学雑誌に掲載された乾燥化に関する研究論文の数が急増したのである。インドの森林管理官R・M・ゴリーは、一八七五年から一九三九年までに各国の科学雑誌に載った乾燥化に関する論文をまとめ、目録をつくったが、総数三五〇のうち一五〇以上が、一九三一年以降に掲載されたものであった。(8)インド、アメリカ、南アフリカ、フランス、ドイツなどでは、森林が降雨量や土壌、河川の流れなどに与える影響という問題に言及した著作が、かなりの数に上った。このように一九三〇年代には、森林が環境全体に及ぼす影響が、世界中で活発に議論されたことは明らかである。こうした雑誌を通して世界中の林学研究者の間で情報が共有され、世界規模で研究結果について議論が交わされた。この時期から、自然災害の増加と森林破壊とを結びつける乾燥化理論は、グローバルな範囲に適用され、普遍化していく。

この章では、主に国際森林研究組織連盟(International Union of Forest Research Organizations：IUFRO)が主催した国際林学会議を分析し、科学者の間で国際的な情報交換を促進するシステムが形成されていく過程を見る。このときヨーロッパ主導の国際林学会議に植民地の森林管理官の問題関心が反映されていく構図を示したい。本章の目的は、植民地の環境保護主義がグローバルな環境保護主義の成立に与えた影響を明らかにすることであるが、まず植民地の森林管理官が、なぜグローバルな環境保護を視野に入れるようになったのかを説明するために、かれらの環境認識の変化に注目する。森林枯渇の脅威を単に植民地社会の問題ではなく世界にとって普遍的な問題と捉え、人類の存亡に関わる問題として国際社会に訴えていく過程を通して、グローバルな環境保護主義の成立におけるかれらの重要性を論じていきたい。

二　国際林学会議の開催

大戦間期には、世界規模で加速している森林枯渇に危機感を抱き、森林保護のための国際協力体制づくりを目指す動きが活発になっていたことは既に述べたが、このなかで中心的な働きをしたのが、国際森林研究組織連盟(ＩＵＦＲＯ)である。この連盟の原型(国際森林実験場連盟)は、一八九二年に結成され、第一次世界大戦によって中断されるまでに六回の会議を開いた。[9] その後、一九二六年には連盟の会合が再開され、国際会議の開催が決議の一つとして承認されたのである。[10]

こうして、一九二九年にストックホルムで開かれた第七回会議は、参加国、人数ともに大戦前の規模を大きく上回

表 8-1　第7回国際林学会議の出席者数

スウェーデン	29	オランダ（植民地も含む）	4
ドイツ	20	ギリシア	3
チェコスロヴァキア	19	ハンガリー	3
イギリス（帝国全体）	18	ベルギー	2
アメリカ	15	イタリア	2
ポーランド	11	ルーマニア	2
ソビエト連邦	11	ユーゴスラヴィア	2
スペイン	11	チリ	1
フィンランド	8	エジプト	1
フランス	7	ペルー	1
日本	7	オーストリア	1
ノルウェー	6	ブルガリア	1
スイス	6	エストニア	1
ラトヴィア	5	ポルトガル	1
デンマーク	4		

表 8-2　イギリス帝国からの代表者

	名前	代表地	所属・役職
1	M・L・アンダーソン	イギリス	森林委員会
2	W・ダリモア	〃	キュー・ガーデン
3	W・H・ギュボー	〃	森林委員会主任研究員
4	A・W・ヒル	〃	キュー・ガーデン
5	J・H・ミルン＝ホーム	〃	王立スコットランド樹木栽培協会
6	R・L・ロビンソン	〃	森林委員会副委員長
7	M・C・レイナー	〃	ロンドン大学
8	R・S・トループ	〃	帝国林学研究所所長
9	S・ハワード	インド	森林局
10	C・G・トレヴァー	〃	帝国森林研究所副所長
11	J・W・ジョンソン	カナダ	トロント大学
12	S・ガースサイド	オーストラリア	科学・産業研究協議会
13	A・C・フォーブス	アイルランド	農務局森林課
14	セネガット	南アフリカ	森林局
15	A・H・アンウィン	キプロス	中央実験所主任森林管理官
16	J・G・ワトソン	マレー	森林研究所
17	W・D・マグレガー	ナイジェリア	森林局長
18	J・A・シマンス	タンガニイカ	森林局

出典：International Union of Forest Research Organizations, Proceedings of the Congress at Stockholm in 1929より作成.

るものとなった。この会議以降、国際規模で林学研究を議論する場が形成されたと評価されている。表8-1、8-2で示すように、二九の国々から合計二〇二名が参加した[11]。連盟は、各国の科学的林学研究の成果を総合するために国際間の協力関係を発展させることを活動目的とし、国際会議を定期的に召集するよう定めた[12]。

第七回会議の議題は、(一)育林法、(二)森林生態学、(三)森林土壌学、(四)昆虫学の四部門に分かれていた。森林と河川管理、土壌浸食に関する問題は、部門(三)で報告された二三件のうちの二つであり、会議の主要なテーマであったとは言い難い。その一つは、日本の研究者平田徳太郎の「日本における森林と水との関係をめぐる問題についての論考」と題する報告であり、もう一つはアメリカのW・C・ロウダーミルクの報告「地表の流れと浸食に影響を及ぼすファクターに関する研究」であった[13]。アメリカ内務省土壌浸食局の副長官を務めていたロウダーミルクの実験によると、森林が伐採された後、火入れにより裸地化した地表での水の流出は、森林の落葉で覆われた地表よりも三倍から三〇倍の早さであり、また、土壌浸食は五万から六万倍になるということであった。彼はさらに、自然の植生がない場所では、浸透する水がきめの細かい物質から成る狭い層に貯えられずに流出し、浸食する力が増大すると指摘した。

会議に参加した各国の代表者は、林学研究者や森林管理官であった。報告のほとんどは、当時としては最先端の科学的研究で、どういった状況でどういう手法がとられているのか、何が一番望ましい「科学的林学」の手法なのか、が議論された。決議の一つに示されているように、会議では、共通の問題に対して各地で行われた実験結果を比較し、まとめ、普遍化し、国際的に活用できるように提示することが求められた[14]。決議には、かれらが世界規模で加速している森林の消失に対する危機感を共有し、それに対して、緊急に何らかの手を打つ必要を感じていたことが反映されていた[15]。

表 9-1　第 8 回国際林学会議の出席者数

フランス（植民地も含む）	16	デンマーク	2
イギリス（帝国全体）	14	ユーゴスラヴィア	2
チェコスロヴァキア	6	ラトヴィア	2
アメリカ	6	イタリア	1
ポーランド	4	ルーマニア	1
ドイツ	4	ギリシア	1
日本	3	アルゼンチン	1
ハンガリー	3	チリ	1
スイス	3	エクアドル	1
スペイン	3	ニカラグア	1
スウェーデン	3	パレスティナ	1
ベルギー	2	ポルトガル	1
オランダ（植民地も含む）	2		

表 9-2　イギリス帝国からの代表者

	名前	代表地	所属・役職
1	W・フィンドレー	イギリス	森林生産物研究所
2	W・H・ギユボー	〃	森林委員会主任研究員
3	J・マクドナルド	〃	森林委員会、帝国林学研究所
4	R・L・ロビンソン	〃	森林委員会委員長
5	R・S・トループ	〃	帝国林学研究所所長
6	C・F・C・ビーソン	インド	帝国森林研究所
7	M・V・ローリー	〃	森林局
8	R・パーネル	〃	森林局
9	A・ベダール	カナダ	森林局
10	M・R・ジェイコブ	オーストラリア	森林局
11	A・H・アンウィン	キプロス	中央実験所主任森林管理官
12	J・D・ケネディ	ナイジェリア	森林局主任
13	N・V・ブラズネット	ウガンダ	森林局
14	不明	南アフリカ	

出典：International Union of Forest Research Organizations, *Congrès de Nancy, 1932, Proceedings,* Nancy, 1933より作成.

第八回国際会議は、一九三二年にフランスのナンシーで開催され、二五か国から八四名が参加した[16]（表9-1、9-2）。この会議は、（一）森林生態学と育林学、（二）森林の活用、（三）熱帯と地中海における森林問題、（四）山間部と低地における植林、（五）土壌学・気候学的見地からの林学、（六）森林を山火事や害虫から保護する方法という六つの部門に分かれて議論が進められた[17]。

乾燥化理論については、部門（一）と（三）で取り上げられた。ナイジェリアの森林局主任Ｊ・Ｄ・ケネディが、木材や燃料の供給源としての森林の重要性を論じるとともに、森林の間接的有用性の価値を主張した。彼は、森林政策の目的を(一)河川の源流の保持、降雨後の河川の水流管理と深刻な土壌浸食からの防御、(二)ナイジェリアの北部地域できわめて深刻な砂漠の砂塵被害の拡大の抑止、という二つの項目を挙げて説明した。[18]

他方、アルジェリアの森林管理官であり、北アフリカ森林研究所所長のＭ・ド＝ペイリンホフも、「北アフリカにおける森林研究の傾向」と題する報告で同じような趣旨の見解を示した。彼は遂行すべき林学研究を五つの項目に分けた。第一に、乾燥化や大洪水の防御策という観点から、自然の植生を保護し、人工的な植林を推進するための研究。第二に、地中海の南側に位置し、サハラ砂漠と接する国々に最も重要な問題の一つ、乾燥化に関する方法論的研究。第三に、サハラ砂漠自体の研究、例えば植生(特に樹木について)に対する作用、また逆に、そうした植生が砂漠の気候に及ぼす作用についての研究。残りの二つは、資源管理に関するものであった。[19] さらに、キプロスの代表者Ａ・Ｈ・アンウィンが、土壌浸食防止策としての森林の作用についての報告を行った。[20] アメリカのニューハンプシャー大学の林学教授Ｋ・Ｗ・ウッドワードも、森林と土壌浸食、気候変化との関連について報告した。[21]

第九回会議は、一九三六年にブダペストで開催された。世界的不況の影響を受けて、参加国の数は減少したが、第八回会議を上回る一〇五名が参加した(表10-1、10-2)。議題は、基本的に前回を受け継いだものとなったが、特に森林と土壌浸食との関連について、森林管理官と土木技師との協力体制の確立が新たに関心を集めたテーマとなった。[22] 興味深い点は、森林が気候に及ぼす影響についての研究がはじめて決議の一つに上ったことである。[23] 次の会議は、一九四〇年にヘルシンキで開催予定であったが、第二次世界大戦のため中止となった。

国際森林研究組織連盟とは別に、国際農業研究所も世界林学会議を一九二六年にローマで、また一九三六年にブダ

表10-1　第９回国際林学会議の出席者数

ハンガリー	41	ルーマニア	2
ポーランド	13	スイス	2
イギリス（帝国全体）	7	スウェーデン	2
チェコスロヴァキア	7	ベルギー	2
ドイツ	7	日本	2
アメリカ	4	オランダ	1
フランス	3	デンマーク	1
イタリア	3	ラトヴィア	1
ユーゴスラヴィア	3	ノルウェー	1
オーストリア	2	アルゼンチン	1

表10-2　イギリス帝国からの代表者

	名前	代表地	所属
1	W・H・ギユボー	イギリス	森林委員会
2	A・ミューア	〃	マコーレー土壌研究所
3	E・P・ステビング	〃	エディンバラ大学
4	L・テイラー	〃	イングランド田園保存会議
5	H・G・チャンピオン	インド	帝国森林研究所
6	C・G・トレヴァー	〃	森林局長官
7	不明	オーストラリア	

出典：International Union of Forest Research Organizations, Report of the 9th Congress, Hungary, 1936より作成.

ペストで開催した。この組織の主要な目的は、国際森林研究組織連盟とほぼ同じ、つまり、世界規模でデータや研究結果を交換し、科学的林学の成果を共有することによって、有効な森林の管理・保護を世界中に普及させることであった。しかしながら、国際森林研究組織連盟が純粋に科学的視点から問題を捉える傾向にあったのに対し、国際農業研究所は、世界木材飢饉への危機感を背景とした森林資源の保全や活用という側面により強い関心を抱いていたといえる[24]。国際農業研究所主催の国際会議においても、一九三六年の第二回会議から土壌や水の保全といった問題が熱心に議論されるようになり、また、森林管理官、農業関係者、土木技師が協力してこうした問題に取り組むべきだと考えられるようになったことが明らかである[25]。

　これらの国際会議を通して特徴的であったことは、開催地がいずれもヨーロッパであり、ヨーロッパの林学機関からの代表者が過半数を占めていたことである。それでは、植民地の林学専門家は、いかに国際的な環境保護主義の展開に貢献したのだろうか。大戦間期の国際社会における植民地の地位を考えると、その貢献は比較的限られていたと想定されるかもしれない。しかしながら、イギリスからの代表は、帝国林学会議と同様に、イギリス帝国各地の森林局や主要な林学研究機関から選ばれていた。イギリス帝国から国際会議に参加した者の多くは、帝国林学会議の出席者と重なる。

本国と同程度かそれ以上の人数が帝国各地から参加したのは、イギリスが森林保護を帝国の問題と考えていたこと、さらに帝国林学において、植民地の問題関心が重要視されていたことを示すものである。インドをはじめ植民地の森林管理官は、イギリス帝国の一員として国際会議に参加し、かれらの関心を国際林学に反映させようとしたのである。

植民地のなかでも、デーラ・ドゥーンの帝国森林研究所は、国際森林研究組織連盟によって熱帯林学分野の最高責任機関に任命されるなど、高い評価を受けていた(26)。また、国際農業研究所も、インドの林学は、他の熱帯諸国のモデルとなると考えており、次のように決議された。

熱帯・亜熱帯の森林を管理する政府に対し、インドのデーラ・ドゥーン研究所〔帝国森林研究所〕で進められてきた研究の成果を学び、自国の研究と比較することを勧める(27)。

ここで注意を喚起すべきなのは、乾燥化理論をどの程度重要だと認識するかが、各地域で異なっていたことである。国際林学会議の目的は、普遍的な林学を確立し、普及させることであったが、当初は森林と土壌浸食、気候との関係の解明は、林学の主要な課題とは見なされなかった。というのも、乾燥化は、多くのヨーロッパ諸国にとっては、さほど切実な問題とは認識されていなかったからである。ヨーロッパの林学機関の代表者で、この問題に言及した者はいなかった。

一方、イギリス、フランスの植民地やアメリカからの代表者は、森林枯渇が土壌や気候に及ぼす悪影響を深刻に捉え、森林が環境に及ぼす包括的な影響について、国際的な関心を惹こうとした。かれらは議場で積極的に発言し、科学的な研究結果を発表し、この問題について動議を提出することで、乾燥化の問題を国際林学が取り組むべき課題に挙げようとした。というのも、次節で論じるように、かれらにとって乾燥化は普遍的な問題であり、人類の未来を左右する課題であったからである。こうしたことは、コンサベーションのための育林技術の向上という方向へ流れていこうとする国際林学の展開に対し、森林が気候や環境の安定化に及ぼす影響力にも目を向けさせるのに役立ったと思われる。国際森林研究組織連盟主催の第三回会議で森林が土壌や気候に及ぼす影響についての研究の提案が、決議の一つに上ったことは、インドをはじめ植民地と、アメリカの森林管理官のグループが、国際林学に対して乾燥化の問題の重要性をアピールしつづけた成果といえるだろう(28)。

国際林学会議の議事録から環境保護主義を抽出するのは困難である。かれらの議論のなかに環境保護思想が明確に示されなかった理由の一つは、会議の性格にあると思われる。会議の参加者はすべて林学の専門家であり、森林保護を前提として、技術的手法の確立と統一が論じられていた。なぜ森林を保護するべきかその根拠を示す必要があるのは、政府や農学、土木工学など他分野の専門家、一般社会など、林学の外の世界に対してであった。

しかしながら、こうした国際会議が環境保護主義の普及に何ら影響を及ぼさなかったと考えるのは誤りであろう。国際森林研究組織連盟は、林学専門家の間で国際的な知識や技術の交換を促進するために、国際林学目録の編纂を緊急の課題としていた。連盟の常設委員会は、最も重要な部門として出版目録委員会を設置した。この委員会の目的とは、さまざまな国で出版された林学に関する最新の出版物のレファレンスを出版することであった。各国は、英語、フランス語かドイツ語で書かれた最新の林学書のリストを作成するよう求められた。これをまとめた国際林学目録が作成されれば、さまざまな国において出版された最新の林学の研究成果の一覧として役立つと期待された。しかしながら、この計画は主に財源不足という理由から、なかなか実現しなかった。
実際に目録を出版したのは、国際森林研究組織連盟ではなく、前述の国際農業研究所から独立して、一九三九年に設立された、ベルリンに本部を置く国際林学センター(Centre International de Sylviculture)という新しい組織であった。財政難から、各国から集めたリストを出版できないでいる連盟の代わりに、このセンターが第一巻を一九四〇年に出版したのである。

国際林学目録の作成は、林学に関する最新の情報を交換し、世界規模で知識を共有するのに重要な役割を果たした。こうしたシステムづくりが、各国の科学雑誌における世界規模の議論を活発にし、グローバルな環境保護主義を形成するのに役立ったと思われる。乾燥化理論をめぐる研究者間の議論の中身については次節で検討するが、国際会議や国際林学目録の作成などによって、国際間の協力体制づくり、情報交換の基盤づくりが進められた意義は大きいといえよう。

三　乾燥化とグローバルな環境保護主義

(一)　熱帯から世界へ

これまで論じてきたように、大戦間期に乾燥化問題へ積極的に取り組んだのは、とりわけインドをはじめとする植民地とアメリカの森林管理官であった。この時期の専門誌に掲載された論文の数からしても、同じような傾向がうかがえる。『インディアン・フォレスター』では、一九三〇年代に、乾燥化の問題を扱う論文の数が急激に増えた。[29]かれらの研究の多くは、第一次世界大戦前と同様に、自らの管理するインドの特定地域を対象としたものが多いが、たいていの場合、他の地域を調査した研究成果をふまえ、それらと比較する方法がとられた。『インディアン・フォレスター』では、二〇世紀初頭まで、インドと比較する題材とされたのは、主にヨーロッパにおける研究であった。しかし、第一次世界大戦後になると、アメリカの森林局や気象局、土木事業局、農務局の報告書やアメリカの林学専門誌『林学雑誌（*Journal of Forestry*）』『アメリカの森林（*American Forests*）』の論文が、比較研究の題材として注目を集めるようになった。

大戦間期の『インディアン・フォレスター』にみられるもう一つの変化は、乾燥化とインドの環境の「熱帯性」を結びつけて論じることが少なくなったという点である。第四章で述べたように、第一次世界大戦まで、インドをはじめ植民地の森林管理官は、乾燥化の問題を主に熱帯植民地の問題だと主張してきた。熱帯の環境は温帯よりも脆弱であり、大規模な洪水や旱魃などが起こりやすいと考えられていた。そのため、森林が気候や土壌に及ぼす影響は、熱帯の方が大きいと信じられた。ヨーロッパにおける研究が乾燥化理論を疑問視するような結論を下した場合には、インドばかりでなくその他の熱帯植民地の事例を挙げて、少なくとも熱帯では乾燥化理論は有効であると反論することも多かった。

しかし、一九三〇年代になると、乾燥化の要因を熱帯環境の独自性に結びつける傾向は弱まった。アメリカの研究と比較する場合でも、もちろん気候や地形、土壌や植生の違いについては考慮されたが、熱帯か温帯かという範疇で区別するという見方はなくなった。第一次世界大戦後、インド森林管理官にとって乾燥化の問題は、熱帯植民地特有のものというより、もっと普遍的な問題として認識されるようになったのである。

というのも、第三回帝国林学会議が開催された一九二〇年代末になると、乾燥化理論の中でも土壌浸食や水源枯渇の問題は、熱帯植民地ばかりでなく、オーストラリアやニュージーランド、カナダでも、深刻な問題となっていることが明らかになった。さらに一九三〇年代、アメリカ中西部に起こった大規模な砂塵被害「ダスト・ボウル」（図19）は、特に一九三三年から三八年にかけてきわめて深刻なものであり、三五〇〇万人が土地を棄て、他の土地へ移住せざるをえなかった。[30] こうした事実は、土壌浸食が熱帯植民地以外でも重大な被害を与えることを証明した。[31]

一九三五年に開催された第四回帝国林学会議では、地表の植生が破壊された後、水の供給量の低下や浸食、土地の荒廃などの悪影響が表れる例が、世界各地で増加していることが認識されるようになっていた。会議に参加したインド森林管理官E・A・ガーランドは、会議の概要を『帝国林学雑誌』に寄せたが、そのなかで、乾燥化を世界中にとって最も重要な問題であると位置づけ、森林の影響に関する特別委員会の報告と付録は、すべての国の政府が入手できるように取りはからうべきだと主張した。[32]

図19　グレートプレーンズ南部のダストストーム（砂塵嵐）
出典：G. V. Jacks and R. O. Whyte, *The Rape of the Earth : A World Survey of Soil Erosion*, London, 1937.

当然『インディアン・フォレスター』でも、乾燥化による被害や乾燥化への対策が世界規模で報告されるようになっていた。パンジャーブの土壌浸食、アメリカのダスト・ボウルやミシシッピー川の洪水、黄河や揚子江の土壌浸食、南オーストラリアの風食、サハラ砂漠の拡大は、世界で同時進行する乾燥化の事例として認識されるようになった。[33] こうして、インド森林管理官は、乾燥化の被害が及ぶ範囲を熱帯から世界へと拡大していく。つまり大戦後は、乾燥化の問題をある地域特有の現象というより、世界中のどこでも起こりうる普遍的な問題と捉えるようになったということである。インドの森林管理官の間では、他の地域の科学者と同様に、世界各地の研究結果と、インドの森林管理官が対象とする地域で得られた研究結果とを比較し、世界共通の因果関係を立証しようとする論文が数多く見られるようになった(34)。

(二) 人類への警告

科学者の間では、大戦前に比べ、乾燥化理論への関心が高まると同時に、その実効性が広く認められつつあった。例えば、『ネイチャー』は、しばしばこの問題を取り上げ、世界中の科学者による乾燥化理論に関する活発な議論を概観し、林学や関連科学の多くの研究機関が、世界的にこの問題に興味を抱いていることを明らかにした。さらに、世界の科学者の間で、乾燥化理論は依然として細部については議論があるが、理論の実効性には疑いの余地がないと評している(35)。

大戦間期になると、乾燥化理論の気候的側面、すなわち森林が降雨量に及ぼす効用に関する研究が下火になる一方で、森林がもつ土壌浸食への防護機能や水源涵養機能の研究に強い関心が寄せられるようになっていた。森林の水・土壌保全機能を主張する林学の専門家に対して、なかには乾燥化理論を科学的に実証するのに十分な研究結果は出ていないと主張する土木工学や農学などの専門家もいた。しかし、科学者のみならず、政治家、行政官など社会全般では、乾燥化理論の実効性を認識する動きが高まっていたといえよう。例えば国際赤十字協会は、多くの人命が損なわれる自然災害への対策は国際社会の急務であるという観点から、森林保護に関心を寄せた(36)。

インドでも、一九三〇年代になると、パンジャーブにおける土壌浸食問題を危惧する声がいっそう高まり、パンジャーブ浸食委員会(一九三二年)が設置されたり、パンジャーブ政府が浸食会議(一九三六年)を開くなど、抜本的な対策が話し合われるようになった。こうした機会では、土木事業局ばかりでなく森林局の代表も招集され、土壌浸食の防止策について意見が求められ、森林管理官の主張する放牧規制が報告に取り入れられた[37]。

また、森林管理官はパンジャーブ土木工学会議にも招かれた。かれらは、土木工学の専門家に対し、パンジャーブに水源をもつインダス川やヤムナー川流域で頻発した洪水や土壌浸食の原因は、過放牧による森林破壊の進行によるものと断定し、費用のかかるダムの建設よりも、河川の流量を調節する森林の機能を用いた土壌浸食防止策をもっと検討すべきだと主張した[38]。これらの会議や、土木工学の専門誌『インディアン・エンジニアリング』をみるかぎり、森林管理官の主張は土木工学の専門家の間に受け入れられていたようにみえる[39]。

インド森林管理官は、パンジャーブをはじめ、ヒマラヤ外縁の土壌浸食を、インドの乾燥化を代表する事例として取り上げ、過放牧とそれにともなう森林破壊の状況、土壌浸食や洪水の被害を明らかにし、一定地域の放牧禁止や森林利用の規制、植林などの対策を論じた[40]。かれらがこうしたインドの特定地域の調査をケース・スタディとして普遍化した乾燥化のプロセスとは次のようなものである。過放牧など、本来の土地の機能を劣悪化させる誤った土地利用により、森林破壊が進行する。裸地化が進んだ土壌が雨にさらされると、地表流が発生し、やがて雨裂が生じ、丘陵地では奔流が増す。その過程で土壌が浸食され、上流の土壌の生産性が失われるとともに、下流では洪水が起こり、肥沃な大地が飲み込まれる(図20)。また、年間降雨量の少ない地域では、森林の水源涵養機能が失われることにより、水源が枯渇する。

インド森林管理官L・B・ホランドやH・M・グローバー、ゴリーらの研究は、アメリカのゾンやロウダーミルクの研究と同様に、森林の土壌が裸地や草地など他の植被よりも高い浸透能力をもつために、保水力が高いこと、その結果、地表流を減少させるとともに地下水流によって降雨後、長い時間をかけて浸出することを立証した。かれらは、乾燥化理論に関する国際的な議論のなかで、乾燥化理論の有効性を主張するグループを形成していたのである[41]。

図20　ウル峡谷（パンジャーブ）における土地利用

斜面に棚田や放牧地がつくられ，森林が破壊されている．地すべりのあとがあちこちに見られる．

出典：R. M. Gorrie, *Soil and Water Conservation in the Punjab*, Simla, 1946.

アメリカの専門家と比べ、インドやその他の植民地の森林管理官に特徴的だったのは、乾燥化を人類の存亡に関わる普遍的な問題として強調するという、きわめて警告的な主張を展開したことであった。つまり、パンジャーブの土壌浸食、サハラ砂漠の拡大、ダスト・ボウルをはじめ、世界各地で同時に起こっている浸食、洪水、水源の枯渇は、森林破壊がもたらす普遍的な結果であり、世界規模で森林が消失するにつれ、地球の環境も必然的に悪化するという破滅的な未来を予言することであった。例えば、インド森林局長官C・G・トレヴァーは、その代表的なプロパガンディストであったといえる。彼は、『インディアン・フォレスター』に送った書簡のなかで、次のように警告している。

森林政策がおろそかにされている場所ではどこでも裸地化や浸食が生じ、これによって、地球上のいくつかの肥沃な地域が砂漠に変えられてきたことは明らかである。現在、インドばかりでなく、アフリカやアメリカなど世界の大部分が、森林破壊とその後

に続く乾燥化に苦しんでいるのだ。(42)

こうした危機的状況に立ち向かい、世界各地で確固たる森林政策を確立するのが森林管理官の責務であると呼びかけ、この書簡は終わっている。

第四回帝国林学会議の森林と気候、水保全、浸食との関連性に関する委員会で、彼が委員長に任ぜられたことは前章で述べたが、この委員会報告書では、森林破壊が世界規模で進んだ結果、自然災害が増加し、乾燥地域が拡大していくという危機感から、乾燥化の問題はもはや地域的な問題ではなく、人類全般に関わってくる問題だと主張された。トレヴァーの報告書の最後は、次のような警告で締めくくられている。

気候は、さまざまなファクターの複合によって左右されるが、森林の枯渇によって、地球上の多くの地域で悪化してきたことは間違いない。森林保護は、ある地域の気候状態を改善するのにわずかしか役に立たないかもしれないが、森林枯渇が世界中で進行すれば、乾燥化も進み、やがて人類の滅亡につながるのである。(43)

『インディアン・フォレスター』にも、インドの土壌浸食を世界で同時進行する環境悪化の証拠として取り上げ、グローバルな危機感を提示する論文が掲載された。例えば、E・A・スミシーズは、パンジャーブのホシアルプルの土壌浸食によって廃墟と化した村々は、人間が森林を破壊した後に生じる普遍的な現象の一例であると位置づけ、次のように警告している。

丘陵地で耕作や放牧を規制することなく森林植生が破壊されれば、土壌浸食やなだれ、洪水、水源の枯渇、過度の土砂堆積が増加することは、何年も前から普遍化した現象として明白に証明され、認識されてきた。川が平野に流れ出る場所では、この堆積物が豊かな耕地を覆いつくし、村や町を壊滅させ、運河をふさいでしまう。こうした表層浸食〔雨水による土壌表面の浸食〕や、人為的な砂漠の拡大がいやおうなしに進めば、帝国が破滅することすらありうるのだ。……かつて肥沃であったメソポタミアの大地が砂漠と化したのは、人間や家畜による自然植生の破壊の結果であると、多くの学者が認めている[44]。

このように、乾燥化を帝国、さらには人類や文明の衰退と結びつける言説は、アフリカを対象とした叙述にも同様に見られた。なかでも最も影響力があったのは、インド森林管理官を退職後、エディンバラ大学の林学教授に就任したE・P・ステビングである。彼は、一九三〇年代後半に『西アフリカの森林とサハラ砂漠』、「サハラ砂漠の脅威」、「アフリカの人為的につくられた砂漠」と題する報告を立て続けに発表し[45]、サハラ砂漠の南縁と接する西アフリカの北部地域で森林破壊による乾燥化が進行し、サハラ砂漠が拡大していると警告した。

一方、アメリカのロウダーミルクは、自らの研究結果のみを発表するスタンスを取り続けていたが、一九三〇年代半ばには、土壌浸食と文明の衰退とを結びつける警告を発するようになった[46]。彼は、小アジア、パレスティナ、北アフリカ、ペルーの裸地化した、荒涼たる岩だらけの地域に残る廃墟を挙げ、かつては文明の栄えた地域が土地利用を誤ったために衰退した「歴史的な証」と論じ、次のように警鐘を鳴らした。

……それゆえ、もしわれわれの文明が、こうした没落した文明と同じ運命をたどりたくないのならば、われわれの森林、農地や放牧地そして水源を保全するための総合的な土地管理計画に着手することが急務なのである[47]。

彼がこのような警告的な提言をするようになったのは、ダスト・ボウルによって失われた土壌があまりにも膨大だったからである(図21)。この論文が書かれた一九三五年の時点で、五一〇〇万エーカー(カンザス州とほぼ同一面積)の農地が、雨裂によって破壊され、農業生産ができなくなった。加えて、一億二五〇〇万エーカーの農地の肥沃な表土が流出し、これまでの農業生産性を維持することは困難であると推計されている[48]。

インドの森林管理官が、普遍化された、警告的な乾燥化のディスコースを一九三〇年代から多用するようになった理由について、サベルワルは、森林政策を批判する現地住民や収税局への対抗策であったからと説明している。しかし、第四章で論じたように、この対立関係は一九世紀末からずっと続いてきたものであった。一九三〇年代にインドだけでなく、世界規模で乾燥化への危機感が高まったことを考えれば、ローカルな要因ばかりでなく、インド森林管理官が警告しつづけた乾燥化の脅威が、当時のヨーロッパ人科学者の環境認識の変化に与えた影響に、もっと目を向ける必要がある。

（三）グローバルな環境保護主義の誕生

森林破壊と文明の衰退との関連性を指摘する言説は、林学ばかりでなく、土壌学、農学、生態学など他分野の科学者の間にも見られた。かれらは、被害を受ける地域が拡大した結果、全人口を支える食糧と、文明の発展を支える資源が将来的に不足することを懸念しており、「閉じられた空間」としての地球を意識しはじめていたのである。

例えば、土壌学者G・V・ジャックスと農学者R・O・ホワイトによる著作『地球の破滅——土壌浸食に関する世界調査』[49]は、当時大きな反響を呼んだが、これは、西ヨーロッパを除く世界各地で顕著な土壌浸食による被害を地域ごとに概観し、森林枯渇による乾燥化はもはや地域的な問題ではなく地球全体の問題であり、最終的には人類の文明を衰退させうるという強い警告を発する内容であった。かれらによれば、ほとんどの土壌浸食はヨーロッパが植民地化した地域（非ヨーロッパ世界）で起こっているが、こうした地域は、ヨーロッパの人口や高度に進んだ文明を支えるのに必要不可欠な原料輸出国であるため、これらの地域の被害とヨーロッパは無関係ではいられないというものであった。かれらはきわめてヨーロッパ中心主義的な見方を示しているが、地球という閉じられた空間を意識し、乾燥化を世界全体の問題として捉えるよう提唱した。

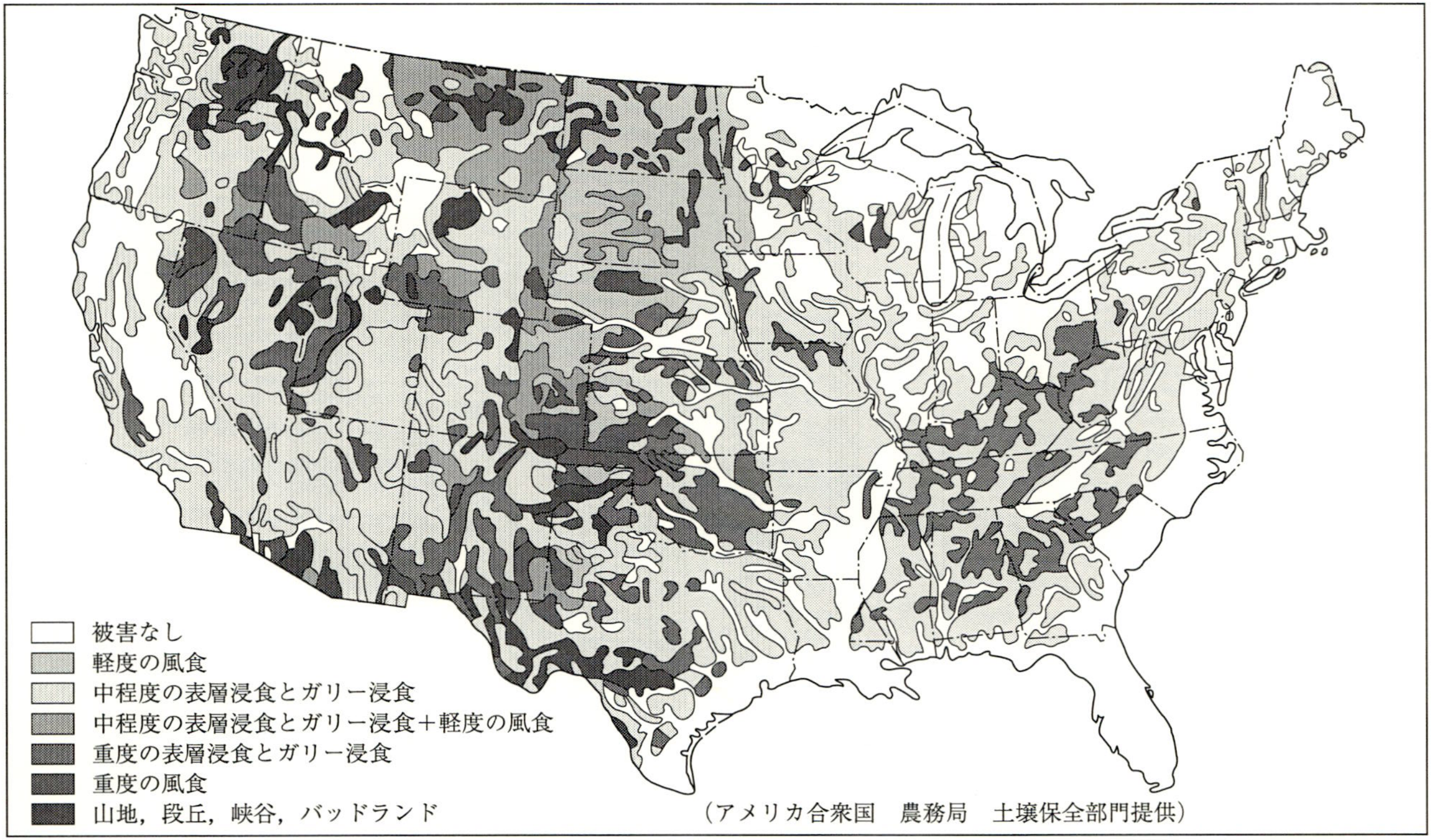

図21　浸食の分布

出典：G. V. Jacks and R. O. Whyte, *The Rape of the Earth : A World Survey of Soil Erosion*, London, 1937, p.50.

アメリカの生態学者ポール・シアーズ[50]の有名な著作『進行する砂漠[51]』もまた、地球の限界を指摘するものであった。彼は、土壌を文明の基盤と見ており、ダスト・ボウルの被災地となったグレートプレーンズの単式農法は、土地本来の安定性や回復力を失わせるものだと批判した。これからも人間の文明が栄えていくためには、土壌という人間を支えてきた資源を浪費するのではなく、生態系の安定と生産性を長期的に持続していくことこそ重要だと論じた。

森林枯渇による乾燥化と歴史上の文明の衰退とを関連づける言説は以前から存在した。一八六四年に出版されたG・P・マーシュの著作『人間と自然[52]』もその一つである。マーシュは、ギリシア・ローマ文明の衰退の要因は、森林の枯渇と過剰な耕地・放牧地化にあると論じ、人間の潜在的破壊能力と、それに対する「自然からの仕返し」に警鐘を鳴らした。それから半世紀以上経つ間に、地中海地域のような乾燥化の事例は、世界中から報告され、乾燥化の進行が世界規模で拡大していると認識されるようになった。

しかも、大戦間期には、マーシュのようなアマチュアではなく、科学者が、さまざまな研究データや写真によるヴィヴィッドな描写をちりばめて、森林枯渇による乾燥化の被害を「科学的」に立証して見せ、人類の文明全体が衰退する恐れがあるという警告を発するようになったのである。マーシュの示した危機感は、大戦間期にはますます強化され、なおかつ説得力をもつものになっていた。

こうした議論の背景には、人間が自然環境を変える力がかつてないほど強大なものとなり、しかもそれは必ずしも肯定的には評価できないものであるという認識の変化があった。人間は、生態系の自己再生メカニズムを乱す因子として捉えられるようになった。この自然と人間との関係の新たな発見は、生態学の発展とも無関係ではなかった[53]。

植民地の森林管理官が共有していたのは、自然災害は単に何らかの自然現象によって引き起こされたものではなく、人間の誤った行為が誘発するものだという認識であった。かれらは、人間も生態系の一部でありながら、自然環境と

図22　ナタール（南アフリカ）における表層浸食とガリー浸食（流水による土壌浸食）

現地住民の移動耕作と過放牧が原因とされた．

出典：G. V. Jacks and R. O. Whyte, *The Rape of the Earth: A World Survey of Soil Erosion*, London, 1937.

の関連を無視して破壊しつづけた結果が、人間に跳ね返ってきているのだと主張した。『インディアン・フォレスター』には、人間が経済性を優先し、誤った土地利用によって自然のバランスを崩すという過ちを犯した結果、今日のように災害が頻発するようになったのだとする森林管理官の批判が、たびたび掲載された[54]。

　このように、植民地の森林管理官は、自然と「人間」との普遍的関係を問題とする一方で、第一次世界大戦前と同様に、特定の集団、すなわち、植民地の現地住民にしばしば批判の矛先を向けた。ヨーロッパ人プランターや農務局の行政官の責任も同様に問う声も上がったが、かれらは、多かれ少なかれ、「環境の破壊者」として最も責められるべきは現地住民の移動耕作や過放牧であるという認識を共有していた[55]（図22）。

　特に、前述の『地球の破滅』では、随所にヨーロッパ人の人種的偏見が露呈している。ジャックスは、現地住民を「科学的見地からすれば、かれらは皆、寄生者である」と決めつけ、次のように主張している。

> 先住民をある程度は統制できつつある今となっては、かれら〔植民地の行政官〕がアフリカにとどまる唯一の意義は、植生を管理することになる。これから先、白人の責務は、土壌や植生の問題を解決することになるだろう。これは、多くの理由から、先住民と折り合いをつけるよりも、もっと重い責務になるはずである[56]。

多くの植民地科学者は、植民地支配下の無秩序な開発によって環境破壊が進んだことは認めるものの、それは帝国の存在そのものの批判にはつながらなかった。環境を適切に管理し、よりよい帝国支配を行うことは、人類を破滅から救うことと、なんら矛盾しなかったのである。つまり、グローバルな環境管理の主役は、あくまでもヨーロッパ人であり、植民地の人々と環境は、管理の対象となるものであったといえよう。

これまで論じてきたように、グローバルな環境保護主義に植民地の森林管理官が与えた影響は、きわめて重大なものであった。かれらは、乾燥化はもはや全世界の問題であるという危機感と、それを解決できるのは自分たち科学者であるという自負から、この問題を、国際的に議論されるべきだと提言した。これまでの人間の過失を科学的に立証し、災害を最小化するための手段を講じ、これ以上の破壊を食い止める能力と責任をもつのは、かれら――植民地科学者であるべきだった。

第七章　植民地の環境保護主義のインパクト

環境史は、何によって、またどの程度、地球規模の環境が変化してきたかという問題に注目してきた。ほとんどの歴史家は、帝国がこうした環境の変化に相当のインパクトを与えたという点で意見が一致している。他方で、いかに、なぜ、グローバルな環境保護主義が展開し、それに帝国はどう関与したかという問題については、従来の研究ではほとんど検討されてこなかった。

本書は、この問題への取り組みとして、一九世紀後半から第二次世界大戦にかけて、イギリス帝国内で環境保護主義が展開していく過程を検証してきた。それにより、植民地の環境保護主義の特質に対する一つの見方を示し、さらに、植民地の環境保護主義の担い手となったヨーロッパ人科学者の環境認識がグローバルな環境保護主義に与えた影響の大きさを論じることがねらいであった。

今日の環境保護主義の起源を問う歴史研究が始まった当初から注目されてきたのは、世紀転換期の欧米で始まった環境保護活動であった。国土に対する愛着が、環境保護を進める一つの要因となったことは確かである。一方で、植民地のヨーロッパ人科学者は、自然への愛着ではなく、自然破壊がもたらす脅威への不安をあおることによって、環境保護主義を展開した。かれらの環境意識は、身近な地域の自然への愛着ではなく、自然と人間との普遍的な相関関係を想定したものであるがゆえに、人類の存亡に関わる問題として、全世界の自然を対象にしえた。今日のグローバルな環境保護主義の成立に近代ヨーロッパの環境保護思想が与えた影響を考えるときに、自国の自然に対する環境意識とは異なる、植民地のヨーロッパ人科学者の環境意識が、重大な意味をもったと考えられるのである。

本書の主要な論点の一つは、イギリス帝国において森林保護に関する理論や制度を確立するのに、インドの森林管理官が指導的役割を果たしたということである。第三章で論じたように、インド森林局は、森林管理官を他の植民地へ派遣し、ネットワークを形成した。このネットワークは、各地で林学・森林政策を確立し、発展させるのに役立った。こうした各植民地の森林の状態や森林政策の結果はすべてインドに報告されていた。

インドやその他の植民地を対象とした森林政策に関する研究は、ここ一〇年の間に蓄積されてきた。しかしながら、各地域の森林局を結ぶネットワークについては、重要であるにもかかわらず、まだ十分には検証されていない。第一次世界大戦前までに、インドで確立した林学・森林政策は、アフリカ、オーストラレイジア、西インド諸島、インド洋諸島に広まった。イギリス帝国内の森林管理官が、こうしたネットワークを通じて、共通の環境認識、すなわち植民地の環境保護主義をもつようになったことは、きわめて重要である。

この植民地の環境保護主義とはどのようなものであるかという問いに答えを出すのが、本書の第二の論点であった。従来の研究では、植民地の森林保護の動機は木材の持続的開発にあると捉えられてきたが、第四章で論じたように、森林資源という視点を越えて、森林枯渇が土地や気候の乾燥化に及ぼす影響を認識し、積極的に土地政策に反映させたのは、むしろ植民地の森林管理官だったのである。

本書では、乾燥化理論が確立する過程において、植民地の環境保護主義＝森林資源の持続的管理という視点からは見えてこなかった特質を把握することを目指した。乾燥化をめぐる議論の展開を追うことによって、植民地独自の問題に焦点をあてた植民地林学の発展過程や、グローバルな環境保護主義に対する植民地の環境保護主義の貢献を明らかにした。

大陸ヨーロッパの森林管理官のなかにも、乾燥化理論を林学の重要な一部分として論じた者がいたことは確かである。しかしながら、植民地では、その特有の社会、政治、気候の状況から、乾燥化の解明が森林管理官の緊急の課題とされた。というのも、かれらは、植民地支配の基幹を成す収税・農務局との間で土地政策をめぐってたびたび対立し、次のような点で批判されていたからである。

第一に、森林政策は、農業ほど短期間で利益をあげることができない。第二に、森林政策は、耕地や牧草地の拡大と衝突する。第三に、森林政策は、政府所有林への立ち入りを禁止するため、現地住民の反感を引き起こし、植民地社会を不安定にする。こうした批判に対抗するためには、植民地の森林管理官は、長期的視野にたった植民地政策全般にとっての森林保護の価値を政府に認めさせなければならなかった。そこで、持続的な資源管理だけでなく環境の安定化という観点から、森林が農業や土木事業に及ぼす影響についても強く主張するようになったのである。

人口の多くが農業に従事する植民地社会では、乾燥化理論は重大な意義をもった。また、大規模な洪水や旱魃、その結果生じる飢饉などの災害が頻発していたため、植民地の森林管理官は、森林が土地や気候を安定化させると思われるメカニズムの解明に力を注いだのである。こうしたことから、なぜ乾燥化理論がヨーロッパよりも植民地でより活発に議論され、「完全に科学的に」証明されなくとも植民地の森林政策に適用されたかを説明できるであろう。

第五章、第六章では、第三の論点、つまり、植民地の森林管理官による乾燥化への警告が、グローバルな環境保護主義の成立にインパクトを与えたことを論じた。大戦間期に世界各地から乾燥化による被害の増加が報告されるにつれ、かれらは熱帯植民地の環境条件と関連づけて考えていた乾燥化理論を、世界中で普遍的な問題として捉えるようになった。かれらは、問題の射程を熱帯から世界へ広げることにより、人類全体の問題として森林破壊に警鐘を鳴らしたのである。

大戦間期のイギリス帝国では、世界木材飢饉への危機感から、第一次世界大戦以前に植民地間で発展していた森林局ネットワークが、本国を中心とする帝国林学という形で再編成された。この過程で、植民地の地域的な問題であると理解されていた乾燥化が、帝国全体に損害を与えるものと受け止められるようになった。各植民地の問題から帝国全体の問題となったからこそ、直接受けなかった本国イギリスも、乾燥化の進行を深刻に捉えるようになったのである。

同時期、イギリスも含めヨーロッパ諸国主導のもと世界の森林保護を目的とする国際協力体制が築かれていくなかで、植民地の森林管理官が国際会議に出席し、発言権を得たのは、こうした背景があったからである。かれらは、非ヨーロッパ世界の被害状況を示し、森林枯渇が引き起こす自然災害の増加は世界各地で深刻な問題になりうると警告して、災害の有効な防止策を確立するための国際協力を訴え、会議のアジェンダに反映させた。ヨーロッパ主導の国際森林保護体制は、植民地の森林管理官を通して、非ヨーロッパ世界を含めたグローバルな環境保護主義を認識しはじめたといえよう。

アメリカの林学専門家も乾燥化理論の解明に寄与したが、乾燥化の防止を世界の共通利害とする言説を広めるのに、より積極的な役割を果たしたのは、植民地の森林管理官であった。かれらは、森林枯渇が土地や気候の乾燥化に及ぼす影響を世界で最も強く警告するグループを形成していたのである。

この乾燥化というパラダイムが、今日の「地球温暖化」をめぐる議論に直結しないにしても、大戦間期の環境保護主義が今日のグローバルな環境保護主義に与えた影響は、決して少なくはないと考えられる。というのも、大戦間期に、森林破壊と水源、土壌、気候との関係が普遍化され、人類全般に関わる問題として提示されたばかりでなく、地球の一体化と有限性が意識されるようになり、いわば「グローバルな危機感」が共有されるようになったからである。

また、乾燥化というパラダイムに特徴的なのは、土壌浸食や洪水、水源の枯渇といった災害を自然発生的なものではなく、森林破壊という人為的要因によるものとして捉えることであった。自然を支配する能力を得た人間は今や自然に修復不能な被害を与える存在であり、このまま自然破壊が進めば地球は人間の住めない土地と化し、人間の滅亡を引き起こしかねないという不安は、今日のグローバルな環境保護主義の根底に引き継がれているのではないだろうか。こうした人間と自然との関係に対する普遍的な危機感は、植民地における林学・森林政策の展開のなかで醸成され、大戦間期から世界規模で広まったといえよう。

現在から見ればいかに不十分であっても、科学的データに裏づけられた人類滅亡の可能性が示唆され、それに対する危機感が一般社会に広がった出発点は、大戦間期にあったといえる。この時期に行われた科学的実験の結果は、必ずしもすべてが乾燥化理論を立証するものではなかった。しかし、乾燥化理論のメカニズムが科学的に解明されていない部分があるにもかかわらず、その信憑性は徐々に高まり、乾燥化理論は一種の「神話」としての力をもちはじめる。[1]「神話」というのは、科学的実験データが蓄積された今日になっても、乾燥化理論が完全に証明されたとは言いがたいからである。Ａ・メイサーによれば、気候状況や生態環境の違いによって、森林破壊が雨量、河川流、土壌、気温などに及ぼすインパクトは異なり、ある地域で確立されている関係が、そのまま他の地域に当てはまるとは限らないという。

このように、乾燥化理論が「神話」なのか「事実」なのかを判別するのが難しいと指摘される一方で、森林破壊によって土地や気候が乾燥化し、また、土壌浸食や洪水が激化するという普遍化された認識が、現在まで引き継がれてきたのは確かである。例えば、西アフリカにおける砂漠化の進行や、ヒマラヤの土壌浸食、洪水の激化の原因を森林破壊と結びつける今日の議論には、大戦間期の森林管理官による主張が繰り返されているように見える。[2]

今や、森林破壊は、各地域のローカルな問題であると同時に、環境の悪化が地球規模で進行していることを示すシンボルとして、グローバルな関心を集めている。大戦間期につくられた森林保護のための国際協力体制は、第二次世界大戦後、国際連合をはじめ、さまざまな国際機関のイニシアティブの下で展開してきた。特に発展途上国に対しては、国連環境計画（UNEP）や国連食糧農業機関（FAO）などの専門機関を通じて、環境政策の確立が図られてきた。国際森林研究組織連盟（IUFRO）は、一九四八年から国際林学会議を再開し、国連食糧農業機関からの要請に応じて、専門的な助言を与える顧問組織としても活動している。さらに、一九八三年には「発展途上国のための特別計画」が開始され、発展途上国への技術的援助や、林学専門家の育成に携わってきた。

グローバルな環境保護意識と、それに基づく国際的な協力体制は、第二次世界大戦後、ますます強化されていったといえるであろう。ただし、このような国際機関による技術的・経済的な援助に問題がないわけではない。近年では、特に発展途上国から、グローバルな環境保護主義への批判の声があがっている。先に挙げた西アフリカやヒマラヤのケースでは、現地住民の人口増加や土地利用の方法が環境破壊の主な原因とみなされ、また、国際機関から提示される環境政策も、現地住民の生活とは乖離したものであると指摘されている。さらに、R・グハが「貧者の環境保護主義」と呼ぶ(3)、発展途上国の現地住民による生活に根ざした環境保護活動や、開発への抵抗運動には、ごく最近になるまで国際社会から関心が示されることは、ほとんどなかったといえよう(4)。

このような批判から浮かび上がるグローバルな環境保護主義の特質もまた、植民地の森林管理官が生み出したものであった。ヨーロッパ近代科学に基づく環境保護主義は、植民地社会の自然環境に対する信仰や、環境保護機能を果たす習慣の有効性をほとんど考慮にいれなかった。現地の人々は、しばしば環境の破壊者とみなされ、環境保護を遂行するためには、かれらを「文明化」しなければならないという主張もなされた。植民地の森林管理官は、概して村落共同体による森林管理には否定的であった。

今日の国際社会で提唱されるグローバルな環境保護主義に対して、「南」の環境保護主義者からは、それぞれの地域社会で機能するローカルな環境保護主義との軋轢を指摘する声があがっている。この問題を考えるとき、グローバルな環境保護主義の形成に帝国が与えたインパクトを歴史的に検討していくことが、きわめて重要だと考えられるのである。

注

第一章

(1) 石弘之・樺山紘一他編『環境と歴史』新世社、一九九九年、v—vi頁。

(2) 環境史の研究動向を知るための日本語文献としては、前掲書以外に以下のものが挙げられる。川北稔「自然環境と歴史学——トータル・ヒストリを求めて」『岩波講座世界歴史1』岩波書店、一九九八年、一〇九—一三一頁、D. Arnold, *The Problem of Nature : Environment, Culture and European Expansion*, Oxford, 1996(飯島昇蔵・川島耕司訳『環境と人間の歴史——自然、文化、ヨーロッパの世界的拡張』新評論、一九九九年)、穂鷹知美『都市と緑——近代ドイツの緑化文化』山川出版社、二〇〇四年、五—一五頁、水野祥子「帝国からみる環境の歴史——環境史の新たな潮流」『歴史科学』一六五号、二〇〇一年、二九—四〇頁。

(3) その後 *Environmental History Review* と雑誌名が変更され、現在は *Environmental History* と改称している。

(4) R. Nash, *Wilderness and the American Mind*, New Haven, 1967 ; D. Worster, *American Environmentalism : The Formative Period, 1860–1915*, New York, 1973 ; id., *Nature's Economy : The Roots of Ecology*, San Francisco, 1977.

(5) K. Tomas, *Man and the Natural World : Changing Attitudes in England, 1500–1800*, London, 1983(『人間と自然界—近代イギリスにおける自然観の変遷』山内昶監訳、法政大学出版局、一九八九年)。さらに、以下も参照のこと。J. Ranlett, 'Checking Nature's Desecration : Late Victorian Environmental Organization', *Victorian Studies*, 26, 1983, pp.197–222 ; P. Lowe, 'The Rural Idyll Defended : From Preservation to Conservation', G. E. Mingay, (ed.), *The Rural Idyll*, London, 1989, pp.113–131.

(6) 北アメリカ、アルゼンチン、チリの一部とブラジル南部、オーストラリア、ニュージーランドを指す。

(7) A. W. Crosby, *Ecological Imperialism : The Biological Expansion of Europe, 900–1900*, Cambridge, 1986(佐々木昭夫訳『ヨーロッパ帝国主義の謎——エコロジーから見た10～20世紀』岩波書店、一九九八年)。

（8） *Environment and History*, 1(2), 1995, p.127.

（9） J. M. MacKenzie, *Empires of Nature and the Nature of Empires : Imperialism, Scotland and the Environment*, East Lothian, 1997, pp. xii-xiii.

（10） 例えば、R. Guha, *Environmentalism : A Global History*, New York, 2000 ; J. D. Hughes, 'Global Dimensions of Environmental History', *Pacific Historical Review*, 70(1), 2001, pp.91-101 ; J. McNeill, *Something New under the Sun : An Environmental History of the Twentieth-Century World*, New York, 2001 ; M. Williams, *Deforesting the Earth : From Prehistory to Global Crisis*, Chicago, 2002 ; 'Anniversary Forum : What's Next for Environmental History?', *Environmental History*, 10(1), 2005, pp.30-109 ; 脇村孝平「グローバル・ヒストリーと『環境』」社会経済史学会創立七〇周年記念『社会経済史学の課題と展望』有斐閣、二〇〇二年、第六章を参照。さらに、*Environment and History* の一〇周年企画 10(4), 2004 も参照のこと。

（11） J. M. MacKenzie, 'Introduction', *Environment and History* 10(4), p.372.

（12） 「環境保護主義(environmentalism)」という用語は、オリオーダンが一九七六年に出版した『環境保護主義』以降、広く用いられるようになったとされている。本書で定義する環境保護主義は、R・グロウヴ、R・グハ、G・バートンなどの主な環境史家が規定する概念とほぼ同一のものである。T. O'Riordan, *Environmentalism*, London, 1976 ; R. Grove, 'Conservation and Colonial Expansion : A Study of the Evolution of Environmental Attitudes and Conservation Policies on St. Helena, Mauritius and India, 1660-1860', unpublished Ph. D. thesis, University of Cambridge, 1988, p.1 ; R. Guha, *op. cit.*, p.3 ; G. Barton, 'Empire Forestry and American Environmentalism', *Environment and History*, 6(2), 2000, pp.188-189.

（13） R. Guha and J. Martinez-Alier, *Varieties of Environmentalism : Essays North and South*, London, 1997.

（14） 竹中亨「文明批判としての『郷土』――ドイツ近代における環境保護の思想的背景」『歴史科学』一七五号、二〇〇四年、一―一〇頁、水野祥子「近代ヨーロッパの環境保護思想と帝国」『歴史科学』一七五号、二〇〇四年、一五―一七頁。

（15） ヴァイグルは、一九世紀に森林が自然の代名詞となったと論じている。E・ヴァイグル「森と気象――一九世紀に生まれた一つの神話」『思想』九六七号、二〇〇四年、六〇―九二頁。

（16） *Environmental History* や *Environment and History* といった環境専門誌だけでなく、*The Indian Economic and Social History*

Review, Modern Asian Studies などの雑誌でも、この傾向が明らかである。

(17) R. Guha, *The Unquiet Woods : Ecological Change and Peasant Resistance in the Himalaya,* New Delhi, 1989 ; M. Gadgil and R. Guha, *This Fissured Land : An Ecological History of India,* New Delhi, 1992.

(18) 森林管理官は、平野部と丘陵地を区分して、後者だけが保護に値すると判断した結果、平野部に残っていた「モザイク林」を破壊するに至ったのは、その一例であるとする。A. Skaria, *Hybrid Histories : Forests, Frontiers and Wilderness in Western India,* Delhi, 1999, chap. 13 を参照。

(19) V. K. Saberwal, *Pastoral Politics : Shepherds, Bureaucrats, and Conservation in the Western Himalaya,* Delhi, 1999 ; 吉住知文「植民地期インドの森林政策と住民生活」柳澤悠編『現代南アジア4 開発と環境』東京大学出版会、二〇〇二年、一〇五—一一七頁、佐藤仁「森のシンプリフィケーション——タイ国の場合」石弘之・樺山紘一他編、前掲書、六九—八八頁。

(20) 柳澤悠「インドの環境問題の研究状況」長崎暢子編『現代南アジア1 地域研究への招待』東京大学出版会、二〇〇二年、二一六—二二八頁。

(21) 例として、M. Rangarajan, 'Environmental Histories of South Asia', *Environment and History,* 2(2), 1996, pp.129-143 ; S. Sinha, S. Gururani and B. Greenberg, 'The "New Traditionalist" Discourse of Indian Environmentalism', *Journal of Peasant Studies,* 24(3), 1997, pp.65-99 ; S. Guha, *Environment and Ethnicity in India, 1200-1991,* Cambridge, 1996 ; K. Sivaramakrishnan, *Modern Forests : Statemaking and Environmental Change in Colonial Eastern India,* Stanford, 1999 を参照。

(22) W. Beinart, 'African History and Environmental History', *African Affairs,* 99, 2000, pp.269-302 ; S. Dovers, R. Edgecombe (eds.), *South Africa's Environmental History Cases & Comparisons,* Cape Town, 2002.

(23) W. Beinart, op. cit.

(24) W. Beinart and P. Coates, *Environment and History : The Taming of Nature in the USA and South Africa,* London, 1995 ; V. K. Saberwal, 'Science and the Desiccationist Discourse of the 20 th century', *Environment and History,* 4(3), 1997, pp.309-343 ; U. Kirchberger, 'German Scientists in the Indian Forest Service : A German Contribution to the Raj?', *The Journal of Imperial and Commonwealth History,* 29(2), 2001, pp.1-26 ; P. McManus, 'Histories of Forestry : Ideas, Networks and Sciences', *Environment and*

History, 5(2), 1999, pp.185-208.

(25) R. Grove, *Green Imperialism : Colonial Expansion, Tropical Island Edens and the Origins of Environmentalism, 1600-1860*, Cambridge, 1995.

(26) G. A. Barton, *Empire Forestry and the Origins of Environmentalism*, Cambridge, 2002.

(27) L. Pyenson, *Cultural Imperialism and Exact Sciences : German Expansion Overseas 1900-1930*, New York, 1985 ; id., *Empire of Reason : Exact Sciences in Indonesia 1840-1940*, New York, 1989 ; id., *Civilizing Mission : Exact Sciences and French Overseas Expansion, 1830-1940*, Baltimore, 1993.

(28) P. Palladino and M. Worboys, 'Science and Imperialism', *Isis*, 84, 1993, pp.91-102.

(29) 例えば，D. R. Headrick, *The Tools of Empire : Technology and European Imperialism in the Nineteenth Century*, Oxford, 1981（原田勝正・多田博一・老川慶喜訳『帝国の手先――ヨーロッパ膨張と技術』日本経済評論社，一九八九年）; M. Adas, *Machines as the Measures of Men : Science, Technology and Ideologies of Western Dominance*, Ithaca, 1989 を参照。

(30) J. M. MacKenzie, *op, cit.*, pp.33-58.

(31) R. Grove, *op. cit.* ; R. Rajan, 'Imperial Environmentalism : the Agendas and Ideologies of Natural Resource Management in British Colonial Forestry, 1800-1950', unpublished Ph. D. thesis, University of Oxford, 1994.

(32) V. K. Saberwal, 'Bureaucratic Agendas and Conservation Policy in Himachal Pradesh, 1885-1994', *The Indian Economic and Social History Review*, 34(4), 1997, pp.465-498 ; S. Sangwan, 'The Strength of a Scientific Culture : Interpreting Disorder in Colonial Science', *The Indian Economic and Social Historical Review*, 34(2), 1997, pp.217-250.

(33) U. Kirchberger, op. cit., p.19.

(34) R. Guha, *The Unquiet Woods* ; M. Gudgil and R. Guha, *op. cit* を参照。

(35) R. Rajan, op. cit.および，'Imperial Environmentalism or Environmental Imperialism? European Forestry, Colonial Foresters and the Agendas of Forest Management in British India 1800-1900', R. Grove, V. Damodaran and S. Sangwan (eds.), *Nature and the Orient : the Environmental History of South and Southeast Asia*, Oxford, 1998, pp.324-371 も参照のこと。

(36) R. Grove, *op. cit.* ; V. K. Saberwal, ‘Bureaucratic Agendas’ ; id., ‘Science and the Desiccationist Discourse’ ; W. Beinart and P. Coates, *op. cit.*

(37) R. Rajan, ‘Imperial Environmentalism’.

(38) 一例として， I. M. Saldanha, ‘Colonialism and Professionalism : A German Forester in India’, *Environment and History,* 2(2), 1996, pp.195-219.

(39) R. Grove, *Ecology, Climate and Empire : Colonialism and Global Environmental History 1400-1940,* Cambridge, 1997.

第二章

(1) J. F. Richards and R. P. Tucker (eds.), *Global Deforestation and the Nineteenth World Economy,* Durham, 1983 ; M. Williams, *op. cit.*

(2) J. F. Richards and M. B. McAlpin, ‘Cotton Cultivating and Land Clearing in the Bombay Deccan and Karnatak : 1818-1920’, J. F. Richards and R. P. Tucker (eds.), *op. cit.,* pp.87-88.

(3) K. Pomeranz, *The Great Divergence : China, Europe and the Making of the Modern World Economy,* Princeton, 2000, p.213.

(4) J. F. Richards and M. B. McAlpin, op. cit., p.81 ; R. P. Tucker, ‘The British Colonial System and the Forests of the Western Himalayas, 1815-1914’, J. F. Richards and R. P. Tucker (eds.), *op. cit.,* pp.150-151.

(5) M. Mann, ‘Ecological Changes in North India : Deforestation and Agrarian Distress in the Ganga-Jamna Doab 1800-1850’, *Environment and History,* 1(2), 1995, pp.201-220.

(6) ガンジス川とヤムナー川に挟まれた地域。

(7) M. Williams, *op. cit.,* pp.350-351.

(8) M. Rangarajan, ‘Imperial Agendas and India’s Forests : The Early History of Indian Forestry, 1800-1878’, *The Indian Economic and Social History Review,* 31(2), 1994, p.154 ; R. Grove, *Ecology, Climate and Empire,* pp.188, 199.

(9) B. Ribbentrop, *Forestry in British India,* Calcutta, 1900, p.64.

(10) D. Brandis, *Forestry in India : Origins and Early Developments,* Dehra Dun, first published 1897, reprinted 1994, pp.97-99.

(11) B. Ribbentrop, *op. cit.,* p.64.

(12) 役職名はConservator of Forestsであるが、一八六四年に設立されたインド森林局の帝国部門のトップConservatorとは、身分、役職の内容ともにまったく異なるものである。

(13) *Ibid.,* pp.65-66.

(14) E. P. Stebbing, *The Forests of India,* vol. 1, London, 1921, pp.64-65, 71-87.

(15) D. Brandis, *op. cit.,* p.107.

(16) V. Saravanan, 'Commercialisation of Forests, Environmental Negligence and Alienation of Tribal Rights in Madras Presidency : 1792-1882', *The Indian Economic and Social History Review,* 35(2), 1998, p.127.

(17) Madras Forest Report, 1859-60, p.1, E. G. Balfour, 'Influence exercised by Trees on the Climate and Productiveness of the Peninsula of India', *Indian Forester,* 4, 1878, p.124.

(18) M. Williams, *op. cit.,* p.359.

(19) 'The India Forest Service and its Founders', *Indian Forester,* 18, 1892, pp.73-75 ; 'The Father of Indian Forestry', *Indian Forester,* 26, 1900, pp.52-56 ; W. Schlich, 'Forestry in India', *Indian Forester,* 27, 1901, pp.616-618 ; R. Unwin, 'Pioneers of the Forest Department in Burma', *Indian Forester,* 49, 1923, pp.55-61.

(20) B. Ribbentrop, *op. cit.,* p.68.

(21) E. P. Stebbing, *op. cit.,* pp.111-124.

(22) P. G. Menon, 'A Pioneer Forest Officer', *Indian Forester,* 51, 1925, p.147.

(23) D. Brandis, *op. cit.,* pp.101-103.

(24) *Ibid.,* pp.107-108 ; H. Cleghorn, 'Report of the Committee Appointed by the British Association to Consider the Probable Effects in an Economical and Physical Point of View of the Destruction of Tropical Forests', *Report of the 21 st Meeting of the British Association for the Advancement of Science,* London, 1852, pp.78-102.

(25) E. P. Stebbing, *op. cit*., pp.301-324.
(26) D. Brandis, *op. cit*., pp.107-108.
(27) *Ibid*., pp.107-108.
(28) R. Grove, *Green Imperialism* 参照。
(29) E. G. Balfour, op. cit., p.115.
(30) Ibid., pp.115-118.
(31) Ibid., p.118.
(32) Ibid., pp.119-120.
(33) Ibid., pp.121-122.
(34) Ibid., pp.126-127.
(35) 北西州とアウドは一八七七年に合併し、一九〇一年には連合州と改称された。
(36) D. Brandis, *op. cit*., p.124.
(37) B. Ribbentrop, *op. cit*., p.76.
(38) これは、業務が拡大するにつれて、一人の保護官では州全体を管轄するのが困難であるケースが出てきたからである。例えば、ボンベイ管区では、一八七三年に三つの行政区に分けられ、ビルマでは一八七六年に二つに、北西州では一八七八年に三つに、マドラス管区では、一八八三年に二つに、それぞれ区分された。その後も適宜変更が加えられた。
(39) *Ibid*., pp.79-93.
(40) なお、ここでのForesterとは役職名のことであり、森林管理官一般foresterとは区別して訳出した。
(41) *Ibid*., pp.89-90.
(42) *Ibid*., pp.86-89.
(43) D. Brandis, *op. cit*., pp.150-151.
(44) *Ibid*., p.151.

(45) D. Brandis and A. Smythies, 'Report of the Proceedings of the Forest Conference of 1875', *Indian Forester*, 2, 1876, p.156.
(46) C. F. Elliott, 'Subordinate Forest Establishment', *Indian Forester*, 2, 1876, p.267.
(47) E. H. B., 'Subordinate Establishment', *Indian Forester*, 2, 1877, pp.419-420.
(48) Dehra Dun Forest Research Institute and College, *One Hundred Years of Indian Forestry*, vol. 1, Calcutta, 1961, p.38.
(49) *Ibid.*, pp.45-46.
(50) 森林局が設立される前は、収税局がその管理にあたっていた。森林管轄権は各地で徐々に森林局に移管されていったが、全ての管轄権が森林局に集中したわけではない。一般的に言って、商業的営林に適した森林や、土壌保全などの環境保護的見地から重要視された森林が森林局に移管され、そうでない森林が、収税局に残されたといえよう。こうした二重権力状態が、森林政策をめぐる両者の対立を引き起こす一因となったといえる。吉住知文「森林保全か放牧権か――植民地期の西ヒマラヤの放畜をめぐって」篠田隆・中里亜夫編『南アジアの家畜と環境』、文部科学省科学研究費・特別領域研究(A)、二〇〇一年、二〇頁参照。
(51) B. Ribbentrop, *op. cit.*, pp.94-96.
(52) 区画とは、森林の外周に杭を打って森林領域を明示することを言う。吉住「森林保全か放牧権か」注10、二六頁。
(53) E. P. Stebbing, *The Forests of India*, vol. 2, London, 1923, pp.467-469.
(54) D. Brandis, 'Progress of Forestry in India,' *Transactions of Scottish Arboricultural Society*, Vol. X, Part iii, 1884, p.249.
(55) 吉住知文「イギリス支配下におけるインドの森林経営――営林の商業化と森林破壊」埼玉大学大学院経済科学研究科修士論文〔訂正版〕、一九九七年、一二一、一二三頁。
(56) T. Griffiths and L. Robin (eds.), *Ecology and Empire : Environmental History of Settler Societies*, Edinburgh, 1997, p.178.
(57) 吉住知文「植民地期インドの森林政策と住民生活」一〇八頁。
(58) E. P Stebbing, *The Forests of India*, vol. 2, pp.470-471.
(59) 森林査定における用益権保持者は、一般に権利登記で用益権を保有するとされた村の居住者であり、かつ地税を払っている耕地を所有している者である。吉住「森林保全か放牧権か」注9、二五頁。

（60）具体例として、西ヒマラヤのケースについては、V. K. Saberwal, *op. cit.*, chap. 3,4；吉住「森林保全か放牧権か」七—九頁を参照のこと。

（61）藩王国は、英領インドの約三分の一を占めていた。B. E. Fernow, *A Brief History of Forestry in Europe, the United States and Other Countries*, Toronto, 1907, p.322.

（62）吉住「イギリス支配下におけるインドの森林経営」二四、二五頁。

（63）こうした森林保護政策の開始は、森林の近隣の農民や牧畜民の生活に影響を与えた。かれらは、それまで生活の基盤であった入会地としての森林への立ち入りを制限ないし禁止されるようになった。当然、植民地当局と現地住民の間で対立はしばしば起こった。歴史家の中には、こうした対立とナショナリズムの高揚を結びつける者もいるが、この対立は独立後も姿を変えて残った。この問題は、インドの環境史家にとって、主要なテーマの一つだが、本書の主な関心から離れるため、ここで言及するのみにとどめる。

（64）ベンガルに偏在した大領主的階層。政府は地税制度確立の過程で、領内の農民に対する統治者としての機能をかれらから切り離し、近代的土地所有者として法的に扱った。

（65）ザミンダーリー制度は、ベンガル管区をはじめ、北インドを中心に実施された。

（66）これはインドに限らず、南アフリカ、フランス領アルジェリアなどでも起こったことである。R. Grove, *Ecology, Climate and Empire*, p.215.

（67）R. N. Datta, 'Reminiscences of Service in Madhya Pradesh Forests,' *One Hundred Years of Indian Forestry*, vol. 1, p.48.

（68）C. C. Wilson, 'My Memories of the Forests of India,' *Ibid.*, p.59.

（69）移動耕作は、kumri, jhum, khil, taungya など各地で呼称が異なる。B. Ribbentrop, *op. cit.*, pp.36, 148.

（70）R. Grove, *Ecology, Climate and Empire*, pp.192-193.

（71）吉住「森林保全か放牧権か」を参照。

第三章

（1） 東インド会社の医務官が植物学に通じていたことはよく知られている。R・グロウヴが指摘するように、かれらのなかのスコットランド人の比率はきわめて高かった。スコットランドの大学で教育を受けた医者が植民地で雇用されるというのは、スコットランド人が身を立てる道として好都合な選択であり、ある種の伝統となっていた。というのも、イングランドで雇用された者は、困難や偏見に悩むことが多かったからである。この章で言及される者の多くは、この集団に属する。あるスコットランド人の匿名の著者は、林学のはじまりの特質を「スコットランドの思想とプロシアの経験の融合」と述べている。'The India Forest Service and its Founders', p.74.

（2） 例えば、H. B. Carter, *Sir Joseph Banks, 1743-1820,* London, 1989 ; Peter Raby, *Bright Paradise : Victorian Scientific Travellers,* London, 1996（高田朔訳『大探検時代の博物学者たち』河出書房新社、二〇〇〇年）; J. Gascoigne, *Science in the Service of Empire : Joseph Banks, the British State and the Use of Science in the Age of Revolution,* Cambridge, 1998 ; P. O'Brian, *Joseph Banks, A Life,* London, 1987 などを参照のこと。

（3） R・グロウヴは、*Green Imperialism* のなかでこの点について論じている。

（4） T. F. Chipp, 'The Value of an Arboretum', the *Empire Forestry Journal,* 4, 1925, p.169.

（5） R. Grove, *Green Imperialism,* p.269.

（6） D. P. McCracken, *Gardens of Empire : Botanical Institutions of the Victorian British Empire,* London, 1997, p.13.

（7） R. Grove, *Green Imperialism,* p.340.

（8） *Ibid.,* p.342

（9） *Ibid.,* pp.335-336.

（10） J. Gascoigne, *op. cit.,* p.139.

（11） D. P. McCracken, *op. cit.,* p.22.

（12） R. Grove, *Green Imperialism,* p.339.

（13） D. P. McCracken, *op. cit.,* p.142..

(14) W. Shepherd and W. Cook, *The Botanic Garden, Wellington : A New Zealand History, 1840-1987*, Wellington, 1988, p.57

(15) D. P. McCracken, *op. cit.*, p.143.

(16) 脇村孝平「『ブルドワン熱病』考――植民地期インドのマラリアと環境」『歴史評論』第五八五号、一九九九年、七四頁。

(17) D. P. McCracken, *op. cit.*, p.142.

(18) 例えば、K. Philip, 'Imperial Science Rescue a Tree : Global Botanic Networks, Local Knowledge and the Transcontinental Transplantation of Cinchona', *Environment and History*, 1(2), 1995, pp.173-200を参照。

(19) ミュラーは、生まれはドイツだが、後にイギリス臣民権を与えられた博物学者であり、旅行家であり、二〇年以上もメルボルン植物園のキュレーターを務めた人物であった。他方、ラメルは、フランス人のアマチュア植物学者であり、ミュラーを熱心に援助した。

(20) J. L. Laird, 'The Eucalyptus Globulus, from a Botanical, Economical, and Medical Point of View, translated from the French of J. E. Planchon, Professeur à la Faculté de Montpellier', *Indian Forester*, 1, 1875, pp.166-169.

(21) 'Arboriculture in its relation to Climate : Letter from Surgeon-Major E. Morton, Her Majesty's 29 th or 2 nd Belooch Regiment, to the Deputy Surgeon-General, Sind Division', *Indian Forester*, 1, 1875, pp.144-155.

(22) J. L. Laird, op. cit., p.170.

(23) こうした考え方は、一九二〇年代まで植民地の科学者の間に広がっていた。

(24) 'Eucalyptus in Algeria', *Indian Forester*, 3, 1877, p.326.

(25) R. Thompson, 'Report on the Forests of Mauritius', *Indian Forester*, 6, 1880, p.288.

(26) D. P. McCracken, *op. cit.*, pp.141-143.

(27) Baron Von Muller, 'Select Extra-Tropical Plants Readily Available for Industrial Culture or Naturalization', *Indian Forester*, 6, 1880, pp.350-351.

(28) 'sylviculture'という語は、ラテン語で「森」を意味する'sylva'と「栽培」を意味する'culture'に由来する。そのため、'sylviculture'は、森林全体を育成することを目的とした技術を指す。他方、'arboriculture'は、ラテン語で「(一本の)木」を意味する'arbor'と'culture'からきた言葉であり、'arboriculture'は、特定の種の樹木を鑑賞目的などのために栽培する技術を指す。(*Oxford English Dictionary*, second edition, Oxford, 1989.)

(29) *Review of Forest Administration in the Several Provinces under the Government of India*, 1878-1910.

(30) *Review of Forest Administration in the Several Provinces under the Government of India* 1902-1903, p.17.

(31) G. N. Sale, 'The Forest Service of Mauritius', *Indian Forester*, 60, 1934, p.206.

(32) R. Thompson, 'Report on the Forests of Mauritius', *Indian Forester*, 6, 1880, pp.223-241, 286-316, *Indian Forester*, 7, 1881, pp. 5-41.

(33) R. S. Troup, *Colonial Forest Administration*, Oxford, 1940, pp.383-385.

(34) F. Vincent, 'The Forests of Ceylon', *Indian Forester*, 8, 1882, pp.27-31 ; 'Report on the Forests of Ceylon', *Indian Forester*, 10, 1884, pp.13-14.

(35) R. S. Troup, *op. cit.*, p.366.

(36) *Ibid.*, pp.367-368.

(37) J. P. Mead, 'Forestry in British Malaya', *Indian Forester*, 60, 1934, p.26.

(38) もとはミッショナリーとしてケープ植民地に入ったが、後に大学で植物学を教えるようになり、環境保護の必要性を政府に勧告した人物。詳しくは、R. Grove, *Ecology, Climate and Empire*, chap. 3 ; id., 'Scotland and South Africa : John Croumbie Brown and the Origins of Settler Environmentalism', T. Griffiths and L. Robin, *Ecology and Empire* を参照のこと。

(39) M. Le Comte Vasselot De Regné, 'The Cape Forests', *Indian Forester*, 8, 1882, pp.1-25, 246-261.

(40) 'Forestry at the Cape', *Indian Forester*, 12, 1886, pp.314-327.

(41) H. N. Thompson, 'The Forests of the Gold Coast', *Indian Forester*, 36, 1910, p.423.

(42) F. Vincent, 'Reports on the Forests of Ceylon', p.13.

(43) J. S. Gamble, 'The Forests of Jamaica', *Indian Forester*, 14, 1888, pp.27-28.

(44) D. Brandis, op. cit., p.265.

(45) C. M. Smith, 'New Zealand Forestry's Debt to India', *Indian Forester,* 60, 1934, p.22.

(46) B. E. Fernow, *A Brief History of Forestry,* pp.375-376 ; P. McManus, op. cit., p.201.

(47) Ibid., p.202.

(48) Ibid., p.187.

(49) L. Pyenson, *Cultural Imperialism* ; id., *Empire of Reason* ; id., *Civilizing Mission.*

(50) P. Palladino and M. Worboys, op. cit., p.99-100 ; R. MacLeod, 'On Visiting the "Moving Metropolis" : Reflections on the Architecture of Imperial Science', *Historical Records of Australian Science,* 5, 1982, pp.1-16 ; K. Sivaramakrishnan, 'The Politics of Fire and Forest Regeneration in Colonial Bengal', *Environment and History,* 2(2), 1996, pp.145-194 ; D. Arnold, 'The Discovery of Colonial Malnutrition Between the Wars', D. Arnold (ed.)*Imperial Medicine and Indigenous Societies,* Manchester, 1988, pp.208-225.

(51) Dehra Dun Forest Research Institute and College, *op. cit.,* p.107.

(52) J. S. Gamble, 'Review of Transactions of the Scottish Arboricultural Society, vol. Ⅷ, Part Ⅰ, edited by John Sadler', *Indian Forester,* 2, 1876, p.74.

(53) J. K., 'Education of Foresters in Britain', *Indian Forester,* 2, 1876, p.116.

(54) Ibid., p.117

(55) B. H. Baden-Powell, 'The New Journal of Forestry in England', *Indian Forester,* 3, 1877, pp.48-50.

(56) M. K. M. B., 'Education of Forest Officers', *Indian Forester,* 2, 1876, pp.417-418.

(57) From the Government of India to Her Majesty's Secretary of State for India, No.6, dated the 23rd February 1877, *Indian Forester,* 4, 1878, p.304.

(58) From Her Majesty's Secretary of State for India to the Government of India No.12, dated India Office, London, 18th October 1877 in *Indian Forester,* 4, 1878, p.308. 普仏戦争終結後、それまでドイツとフランスに送られていた森林官志願者の教育システムは、フランスのナンシー林学機関に一括されるようになった。

(59) *Parliamentary Debates,* 3rd series, vol. 282, 1883, pp.1351-1373.

(60) 林学に関する特別委員会における証言については、Forestry. Sel. Cttee. Rep. pp. 822-826 ; 1884-85 (287)viii, 779 を参照のこと。

(61) Ibid., p.823.

(62) 'Training of Forest Officers for India', *Indian Forester,* 7, 1881, p.228.

(63) M. Boppe, 'Report on a Visit to the English and Scotch Forests by the Professors and Students from Nancy Forest School', *Indian Forester,* 7, 1881, pp.352-355.

(64) このカレッジは、一八七二年にサリー州クーパーズ・ヒルに設立されており、インド土木事業局に配属される土木技師や電信技師を輩出していた。

(65) J. Cameron, *A Short History of the Royal Indian Engineering College, Cooper's Hill,* Richmond, 1960, p.13 ; E. W. March, 'Coopers Hill', *Commonwealth Forestry Review,* 50, 1971, p.245.

(66) Ibid., p.244 ; Cameron, *op. cit.,* p.13, p.22.

(67) N. D. G. James, *A History of English Forestry,* Oxford, 1981, p.194.

(68) D. Brandis, *op. cit.,* p.154.

(69) D. Brandis, op. cit., p.263.

(70) 植民地インドにおける官僚制の確立については、本田毅彦『インド植民地官僚――大英帝国の超エリートたち』講談社選書メチエ、二〇〇一年を参照のこと。

(71) Franz Heske, *German Forestry,* New Haven, 1938, pp.212-216 ; Kurt Mantel, 'History of the International Science of Forestry with Special Consideration of Central Europe', *International Review of Forestry Research,* 1, 1964, pp.19-20.

(72) Ibid., p.27 ; S. Pincetl, 'Some Origins of French Environmentalism : An Exploration', *Forest and Conservation History,* 37, 1993, pp.82-84.

(73) U. Kirchberger, op. cit., pp.3-7.

(74) Ibid., p.18.

(75) R. Guha, *Environmentalism*, pp.33-36.

(76) P. McManus, op. cit., pp.194-196.

(77) 'An American View of Indian Forestry', *Indian Forester*, 22, 1896, p.473. *North Western Lumberman* からの抜粋。さらに、*Forester*, *American Journal of Forestry* でも、インド森林局の動向が、たびたび取り上げられている。

(78) V. K. Saberwal, 'Science and the Desiccationist Discourse', p.314 ; I. M. Saldanha, op. cit., p.214.

(79) V. K. Saberwal, 'Science and the Desiccationist Discourse', pp.312-313.

(80) 'The French Forest Department in Algeria', *Indian Forester*, 19, 1983, pp.95-97 ; 'A French View of Forest Work in India', *Indian Forester*, 26, 1900, pp.122-123 などを参照。

(81) U. Kirchberger, op. cit., pp.16-17.

(82) F. E. Olmsted, 'Retired Indian Forest Officers for the Philippines', *Indian Forester*, 27, 1901, p.577 ; 'Outlook for Forestry in the Philippines', *Indian Forester*, 28, 1902, pp.39-41 ; H. N. Whitford, 'The Forests of the Philippines', *Indian Forester*, 38, 1912, pp.137-143.

第四章

(1) R. Rajan, 'Imperial Environmentalism' .

(2) R. Grove, *Green Imperialism* ; V. K. Saberwal, 'Bureaucratic Agendas' ; id., 'Science and the Desiccationist Discourse' ; William Beinart and Peter Coates, *op. cit.*.

(3) R. Grove, *Climate, Ecology and Empire*, p.6.

(4) 多方、R・ラジャンは、アレクサンダー・フンボルトのような植民地科学者がヨーロッパ本国の科学にもたらしたインパクトについては認めているものの、ヨーロッパにおける伝統的な林学のなかに、もともと乾燥化理論の源流はあったと見ている。

(5) フンボルトの業績については、E・ヴァイグル「森と気象――一九世紀に生まれた一つの神話」も参照のこと。

(6) R. Grove, *Green Imperialism* ; R. Rajan, 'Imperial Environmentalism' ; W. Beinart and P. Coates, *op. cit.*

(7)「砂漠化」という用語は、一九四九年にオブレヴィル(Aubréville, Andre)の著書 *Climats, forêts et désertification de l'Afrique tropicale* のなかで初めて用いられた。彼は、熱帯アフリカの湿潤地域の森林が、無秩序な伐採によってサバンナへと変わっていき、極端な場合「砂漠化」すると説明したが、それ以降、単に乾燥地域における砂漠の拡大というよりは、さまざまな気候地域において不適切な人間活動に起因する土地の荒廃現象という包括的な概念として用いられることが多い(門村浩他著『環境変動と地球砂漠化』朝倉書店、一九九一年)。一九七〇年代以降、サハラ南縁地帯など、アフリカにおける砂漠化問題に国際的な関心が寄せられてきたが、グロウヴはこうした議論の原点は一九世紀前半以前に見出せると論じている。

(8) V. K. Saberwal, 'Bureaucratic Agendas'; id., 'Science and Desiccationist Discourse'.

(9) *Report of Administration of the Forest Department in the Several Provinces under the Government of India*, 1872-73.

(10) W. Schlich, *Manual of Forestry*, vol.1, third edition, London, 1906, pp.64-66.

(11) D. Brandis and A. Smythies, 'Report of the Proceeding of the Forest Conference of 1875', *Indian Forester*, 2, 1876, pp.155, 166.

(12) ネパールとの国境沿いに広がる森林地帯。

(13) ヴィンディヤ山脈の北側に広がる平原地帯。

(14) J. K., 'Mr. Buck on Moisture from Forest on the Himalayas', *Indian Forester*, 3, 1877, p.257.

(15) Ibid., pp.257-258.

(16) フランスの主要な林学雑誌 *Annales Forestières, Revue des Eaux et Forêts*、ドイツの *Tharandter Forstliche Jahrbücher* などに掲載された研究論文が英訳され、しばしば紹介されていた。

(17) B. H. Baden-Powell, 'On some of the Results of Forest Meteorological Observations', *Indian Forester*, 3, 1877, pp.309-313.

(18) H. Warth, 'Results of Forest Meteorology as hitherto published by Ebermayer in Germany and Fautrat in France', *Indian Forester*, 9, 1883, p.296.

(19) E. G. Balfour, op. cit., p.121.

(20) Ibid., pp.130-131.

(21) 'Dr. Balfour's article on the Influence exercised by trees on the climate and productiveness of the Peninsula of India: A letter to

the Editor from K. H.', *Indian Forester,* 5, 1879, pp.460-464.

(22) H. F. Blanford, 'Influence of Forests on Rainfall', *Indian Meteorological Memoirs,* Vol. III, Part II, 1885, pp.135-145.

(23) D. Brandis, 'The Influence of Forests on Rainfall', *Indian Forester,* 14, 1888, pp.18-20.

(24) V. K. Saberwal, 'Bureaucratic Agendas'.

(25) B. H. Baden-Powell, 'Forest Conservancy in its Popular Aspects', *Indian Forester,* 2. 1876, pp.4-10.

(26) B. H. Baden-Powell, 'The Political Value of Forest Conservancy', *Indian Forester,* 2, 1876, pp.280-287.

(27) 脇村孝平『飢饉・疾病・植民地統治——開発の中の英領インド』名古屋大学出版会、二〇〇二年、二八—三二、一五八頁。

(28) *Report of the Indian Famine Commission, part II, chap. vi, sec. ii*, pp.177-179, J. Nisbet, 'Indian Famines and Indian Forests', *Indian Forester,* 34, 1908, pp.643-644.

(29) G. K. B., 'Some Notes on the Connection Existing between Forestry and Agriculture', *Indian Forester,* 15, 1889, pp.329-340, 371-386.

(30) B. H. Baden-Powel, 'Forest Conservancy in its Popular Aspects', pp.14-15.

(31) 濃霧が森林に流れ込むと、樹木の枝葉などに霧滴が付着を重ね、やがて大粒の水滴となって滴り落ちる。

(32) J. A. Voelcker, *Report on the Improvement of Indian Agriculture,* London, 1893, pp.29-31.

(33) J. Nisbet, op. cit., pp.644-645.

(34) B. H. Baden-Powell, 'Forest Conservancy in its Popular Aspects', pp.5-6.

(35) D. Brandis, op. cit., pp.274-275.

(36) G. K. B., 'Some Notes on the Connection Existing between Forestry and Agriculture', pp.334-336.

(37) 'The Umballa Floods', *Pioneer* より抜粋, *Indian Forester,* 12, 1886, p.428.

(38) Ibid., p.429.

(39) 'The Annual Floods in the Punjab', *Indian Forester,* 14, 1888, p.140.

(40) R. Rajan, 'Imperial Environmentalism' ; id., 'Imperial Environmentalism or Environmental Imperialism?' ; I. M. Saldanha, op. cit.

(41) B. E. Fernow, 'Notes on the Climatic Influence of Forests', *Indian Forester,* 19, 1893, pp.231-234 ; 'Forests and Water Supply', *Garden and Forests* より抜粋, *Indian Forester,* 25, 1899, pp.80-84.

(42) L. Parquet, 'The Influence of Forests on Water Supply' *Revue des Eaux et Forêts* より抜粋, *Indian Forester,* 18, 1892, pp.277-280 ; F. Gleadow, 'Forests and Sub-soil Water', *Indian Forester*, 24, 1898, pp.420-424 ; 'The Effect of Forests on the Circulation of Water at the Surface of Continents', *Indian Forester,* 28, 1902, pp.1-9.

(43) 'The Influence of Forests on Rainfall and Floods', *Indian Forester,* 37, 1911, p.120.

(44) Ibid., pp.122-125.

(45) F. Gleadow, op. cit., pp.422-423.

(46) H. 'Plains Forests and Underground Waters', *Revue des Eaux et Forêts* から翻訳, *Indian Forester,* 30, 1904, pp.112-113.

(47) Ibid., p.112.

(48) Ibid., p.115.

(49) E. P. Stebbing, *The Forests of India,* vol. 3, London, 1926, p.261.

(50) 本書では、「熱帯」という用語を、一九世紀末から二〇世紀初頭にかけて、植民地科学者の間で用いられていた概念とほぼ同じ意味で用いる。そのため、本書で「熱帯」というとき、それは地理学上区分される熱帯地域とは、必ずしも正確には一致しないこともある。

(51) 'Extract from the "Indian Agriculturist" of March 1, 1877', *Indian Forester,* 2, 1876, p.416.

(52) G. N. Sale, 'The Forest Service of Mauritius', p.206.

(53) R. S. Troup, *op. cit.,* pp.383-386.

(54) *Ibid.,* pp.422-423.

(55) *Ibid.,* p.427 ; C. S. Rogers, 'Forestry in Trinidad', *Indian Forester*, 39, 1913, pp.183-193.

(56) 'Forestry at the Cape', *Indian Forester,* 12, 1886, p.317.

(57) 'Afforestation, South Africa', *Indian Forester,* 34, 1908, pp.692-693.

(58) *Cape Times* より抜粋, *Indian Forester,* 9, 1883, p.584.

(59) 'The Forests of the Gold Coast', *Indian Forester,* 36, 1910, pp.421-427.

(60) R. S. Troup, *op. cit.,* p.330.

(61) *Ibid.,* p.350.

(62) 'The Board of Scientific Advice' , *Indian Forester,* 29, 1903, pp.280-283 ; R. MacLeod, 'Scientific Advice for British India : Imperial Perceptions and Administrative Goals, 1898-1923', *Modern Asian Studies,* 9(3), 1975, pp.343-384.

(63) 'An Indian Bureau of Forestry', *Indian Forester,* 31, 1905, pp.1-9.

(64) 同時に、林学校は、カレッジ(Imperial Forest College)に格上げされた。

(65) 例えば吉住氏は scientific forestry を「科学的営林」と訳し、政府の利益の最大化を第一の目的として行われる、政府による大規模な商業的営林とみなしている。吉住「植民地期インドの森林政策と住民生活」一〇八頁。

(66) E. P. Stebbing, 'The Aim and Future of Forest Research in India', *Indian Forester,* 34, 1908, pp.507-518.

(67) H. C. Walker, 'Scientific Forestry', *Indian Forester,* 33, 1907, p.453.

(68) Ibid., pp.453-456.

(69) J. S. Gamble, 'On Certain Important Forest Questions', *Indian Forester,* 31, 1905, pp.82-89 ; 'Inefficient : On Certain Important Forest Questions', *Indian Forester,* 31, 1905, pp.501-503.

(70) H. C. Walker, 'Scientific Forestry', *Indian Forester,* 34, 1908, pp.410-417.

(71) 'The Influence of Forests on Rainfall and Floods', *Indian Forester,* 37, 1911, pp.129-130.

(72) シワリク丘陵は、並行してヒマラヤ山脈を構成する山脈群のうち、最も平原側に位置するもので、標高はおおむね一〇〇〇メートル以下である。この丘陵は、地質構成物が固結しておらず脆いため、きわめて浸食を受けやすい。吉住「森林保全か放牧権か」一一頁。

(73) 'The Influence of Forests on Rainfall and Floods', p.130 ; 吉住「森林保全か放牧権か」一一頁。

(74) S. Eardley-Wilmot, *Forest Bulletin No. 9, Note on the Influence of Forests on the Storage and Regulation of the Water Supply,*

Calcutta, Superintendent Government Printing, 1906.

(75) M. Hill, *Forest Bulletin, No. 33, Note on an Enquiry by the Government of India into the Relation between Forests and Atmospheric and Soil Moisture, in India*, Calcutta, Superintendent Government Printing, 1916, Appendix 1, pp.33-38.

(76) *Ibid.*, Appendix 2, p.39.

(77) *Ibid.*, p.41.

(78) *Ibid.*, pp.1-32.

(79) *Ibid.*, pp.29-32.

第五章

(1) 同様の制度は一九三三年に帝国内の他の植民地にも適用された。

(2) M. Worboys, 'The Imperial Institute : The State and the Development of the Natural Resources of the Colonial Empire, 1887-1923'; J. M. MacKenzie (ed.), *Imperialism and the Natural World*, pp.164-186 ; R. Rajan, 'Imperial Environmentalism', pp.156-161.

(3) 'Imperial Conference, London, 1926', *Empire Forestry Journal*, 5, 1926, p.166, 188-190.

(4) Acland Report, p.22, R. Rajan, 'Imperial Environmentalism', p.162.

(5) 森林伐採面積の推定値は、一九四三年の森林委員会の報告書に基づくものである。N. D. G. James, *op. cit.*, p.209.

(6) この委員会のメンバーには、インド森林局長官を務めたW・シュリッヒも含まれていた。

(7) R. L. Robinson, 'Forest Policy', *Quarterly Journal of Forestry*, XIV, 1920, pp.82-95.

(8) 軍人として、また行政官として帝国を舞台に活躍し、一九二三年カナダにおける帝国林学会議の開催に尽力したことでも知られる。

(9) ロビンソンは、一九〇九年に農務・水産省に入ってから順調に昇格し、農務省内森林部門のトップに就任するまでになった。復興委員会の森林小委員会では、林学専門家としてアクランドの報告作成を助けた。また、第三回帝国林学会議の副議長、第四回、第五回会議の議長を務めた。

(10) N. D. G. James, *op. cit.*, pp.215-217.

(11) カナダ首相キングの開会演説のなかでこのように述べられている。*Second British Empire Forestry Conference, Proceedings and Resolutions*, Ottawa, 1927, p.15.

(12) R. Rajan, 'Imperial Environmentalism', pp.164-171.

(13) トループ、ステビングの他にも、退職してイギリスに戻ったインド森林管理官が数名含まれていた。

(14) 'Report of the Inaugural Meeting of the Empire Forestry Association', *Empire Forestry Journal*, 1, 1922, pp.3-9.

(15) 'The Imperial Forestry Institute, Oxford', *Empire Forestry Journal*, 3, 1924, p.31 ; 'The Imperial Forestry Institute, Oxford', *Indian Forester*, 50, 1924, pp.466-469.

(16) 'Forest Services of the Empire', *Empire Forestry Journal*, 2, 1923, p.16.

(17) これは、インド森林局の中で上級管理職である帝国部門のみの数である。この中には、五人のインド人森林管理官が含まれていた。下位の州部門と執行部門の森林管理官は、この数字に含まれていない。一九二三年の段階で、前者の数は二九三名、後者は一万五六〇〇名いたとされている。R. N. Parker, 'The Indian Forest Department', *Empire Forestry Journal*, 2, 1923, p.36.

(18) 'List of Members', Appendix, *Empire Forestry Journal*, 6, 1927.

(19) 'Imperial Conference, 1926, Forestry Sub-Committee Report, Appendix V', *Empire Forestry Journal*, 5, 1926, pp.204-205.

(20) 'The First Annual Meeting of the Empire Forestry Association', *Empire Forestry Journal*, 2, 1923, pp.27-28.

(21) R. L. Robinson, 'The Forestry in the Empire', *Empire Forestry Journal*, 1, 1922, pp.12-13.

(22) 吉住「イギリス支配下におけるインドの森林経営」、三三頁を参照。

(23) オーストラリアでは、林学研究所は一九二五年に設立された。

(24) T. F. Chipp, 'The Gold Coast Forestry Problem', *Empire Forestry Journal*, 2, 1923, pp.65-75.

(25) N. V. Brasnett, 'British Forestry and the Philosophy of Action', *Empire Forestry Journal*, 11, 1932, pp.84-85.

(26) 例えば、H. G. Champion, 'Indian Foresters and Forestry', *Empire Forestry Journal*, 11, 1932, pp.270-271 を参照。

(27) インド担当大臣モンタギューとインド総督チェルムスフォードの名前からとっている。

(28) インド総督が任命する州知事が、州議会(立法参事会)議員のなかから州政府大臣を任命した。

(29) 辛島昇編『新版 世界各国史7 南アジア史』山川出版社、二〇〇四年、三八一—三八三、四〇一—四〇四頁。

(30) 辛島昇編、前掲書、三八三頁。

(31) P. J. Cain and A. G. Hopkins, *British Imperialism : Crisis and Deconstruction 1914-1990*, London, 1993(木畑洋一・旦祐介訳『ジェントルマン資本主義の帝国II——危機と解体 1914-1990』名古屋大学出版会、一九九七年、一二七—一二九頁。

(32) Dehra Dun Forest Research Institute and College, *op. cit*., pp.107-108.

(33) 'Recruitment for the Indian Forest Service : Correspondence with the India Office', *Empire Forestry Journal*, 2, 1923, pp.125-128.

(34) 'Forestry in Bombay', *Empire Forestry Journal*, 1, 1922, pp.178-179 ; 'Burma Forests and Politics', *Ibid*., pp.180-181.

(35) 'Recruitment for the Indian Forest Service', *Empire Forestry Journal*, 2, 1923, p.9.

(36) S. Eardley-Wilmot, 'The Indian Forests', *Indian Forester*, 49, 1924, p.689.

(37) S. A. Vahid, 'The Forest Department and the "Axe"', *Indian Forester*, 49, 1924, pp.399-401.

(38) Ibid., p.403.

(39) S. Eardley-Wilmot, op. cit., pp.687-688.

(40) P. G. Menon, 'The Commercial Exploitation of Indian Forests', *Indian Forester*, 51, 1925, pp.11-14.

(41) S. A. Vahid, 'The Forest Department', pp.403-404.

(42) 一九一九年インド統治法により、二院制システムが立ち上げられた。中央立法議会は一〇〇名で構成され、うち六七名が選挙を通じて任命された。両院は、予算については議決を行わず、また、インド総督が不可欠であると見なす法案については、総督が中央立法議会における審議を停止させることができ、植民地権力側の意向を代弁することを期待された上院「中央立法参事会」でのみ審議された。本田、前掲書、九六頁。

(43) 'Editorial Notes and Miscellanea', *Empire Forestry Journal*, 1, 1922, p.174.

(44) V. Saberwal, 'Bureaucratic Agendas', pp.479-484.

(45) 'Young Hopeful, The Empire Forestry Association', *Indian Forester*, 50, 1924, pp.469-472.

(46) R. Rajan, 'Imperial Environmentalism', p.154.

(47) *British Empire Forestry Conference, London, 1920 : Proceedings, Resolutions and Summary of Statements,* London 1921, pp.2-7.

(48) R. L. Robinson, op. cit., p.27.

(49) Ibid., pp.30-33.

(50) *British Empire Forestry Conference,* p.7.

(51) *Ibid.,* p.239.

(52) *Second British Empire Forestry Conference, Proceedings and Resolutions,* Ottawa, 1927, pp.369-414.

(53) T. Dunlap, *Nature and the English Diaspora : Environment and History in the United States, Canada, Australia and New Zealand,* Cambridge, 1999, pp.167-179 ; S. Dovers (ed.), *Australian Environmental History : Essays and Cases,* Melbourne, 1994, p.31.

(54) *Third Empire Forestry Conference, Australia and New Zealand, 1928 : Proceedings,* Canberra, 1928, pp.186-220.

(55) *Empire Forestry Conference, Australia and New Zealand, 1928 : Summary Report, Resolutions and Reports of Committees,* Canberra, 1928, p.52.

(56) 『帝国林学雑誌』のなかで、インド森林管理官E・A・ガーランドが評価したように、第四回帝国林学会議は、森林が気候や水源の保持、土壌浸食に及ぼす影響に関してこれまでで最も実りの多い議論がなされたといえるだろう。E. A. Garland, 'The British Empire Forestry Conference, South Africa, 1935', *Empire Forestry Journal,* 15, 1936, pp.8-9.

(57) *Forth Empire Forestry Conference, South Africa, 1935 : Proceedings and Resolutions,* Pretoria, 1936, pp.108-137.

(58) *Ibid.* p.123.

(59) *Ibid.,* pp.357-8.

(60) 'Fourteenth Annual General Meeting', *Empire Forestry Journal,* 15, 1936, p.32

(61) 'Eighteenth Annual General Meeting', *Empire Forestry Journal,* 19, 1940, p.80.

(62) M. Williams, *op. cit.,* p.397.

(63) 例えば，G. T. Renner, 'A Famine Zone in Africa ; the Sudan', *Geographical Review*, 16, 1926, pp.583-596 を参照せよ。

(64) R. Grove, *Ecology, Climate and Empire*, p.34.

(65) 例えば，R. van Reenen, 'A Resume of the Drought Problem in the Union of South Africa' や E. Schwarz, 'The Kalahari Scheme as the Solution of the South African Drought Problem', *South African Journal of Science* 20, 1923, pp.178-222 を参照。

(66) J. Shonken, 'Desiccation and How to Measure it', *South African Journal of Science*, 21, 1924, pp.131-148.

(67) *Forth Empire Forestry Conference*, pp.108-184.

(68) *Ibid.*, Appendix, pp.35-36.

(69) W. Beinart, 'Soil Erosion, Conservatism and Ideas about Development : A Southern African Exploration, 1900-1960', *Journal of Southern African Studies*, 11, 1984, pp.52-83 ; D. Anderson, 'Depression, Dustbowl, Demography and Drought : the Colonial State and Soil Conservation in East Africa during the 1930s', *African Affairs*, 83, 1984, pp.321-344.

(70) *Forth Empire Forestry Conference*, p.60.

(71) 'Effects of Deforestation in the Tropics', *Empire Forestry Journal*, 5, 1926, p.175.

(72) インド森林局長官トレヴァーの発言。*Forth British Empire Forestry Conference*, pp.108-111.

(73) *Ibid.*, pp.124-134.

(74) *Ibid.*, pp.121-123, 130-131, 133-134.

(75) R. Grove, *Ecology, Climate and Empire*, pp.33-36.

(76) T. F. Chipp, 'The Gold Coast Forestry Problem', pp.68-69.

(77) Ibid., p.70.

(78) F. A. Stockdale, 'Prevention of Soil Erosion during Re-afforestation in Hilly Sections of the Wet Tropics', *Empire Forestry Journal*, 7, 1928, pp.41-45.

(79) J. Sutherland, 'Impression of South African Forestry', *Empire Forestry Journal*, 3, 1924, pp.39-44.

(80) 'Effects of Deforestation in the Tropics', p.176.

(81) J. S. Beard, 'Forestry and Land Planting in the Tropics', *Empire Forestry Journal*, 19, 1940, pp.69-73.

(82) F. A. Stockdale, *British Empire Forestry Conference, 1935 : Forestry in Relation to Agriculture under Tropical Conditions*, London, 1935.

(83) *Forth Empire Forestry Conference*, pp.214-232.

(84) *Ibid.*, p.359.

第六章

(1) R. MacLeod and M. Lewis (eds.), *Disease, Medicine, and Empire : Perspectives on Western Medicine and the Experience of European Expansion*, London, 1988, p.5 ; E. R. Brown, 'Public Health and Imperialism in Early Rockefeller Programs at Home and Abroad', *American Journal of Public Health*, 66, 1976, pp.897-903 ; H. Cleaver, 'Malaria and the Political Economy of Public Health', *International Journal of Health Services*, 7(4), 1977, pp.557-579 ; D. Fisher, 'Rockefeller Philanthropy and the British Empire : The Creation of the London School of Hygiene and Tropical Medicine', *History of Education*, 7(2), 1978, pp.129-143.

(2) M. Bell, 'Reshaping Boundaries : International Ethics and Environmental Consciousness in the Early Twentieth Century', pp.151-175.

(3) M. Worboys, 'The British Association and Empire : Science and Social Imperialism, 1880-1940', R. MacLeod and P. M. D. Collins (eds.), *The Parliament of Science : The British Association for the Advancement of Science 1831-1981*, London, 1981, p.182 ; M. Worboys, 'Science and the British Colonial Empire, 1895-1940', D. Kumar (ed.), *Science and Empire : Essays in Indian Context (1700-1947)*, New Delhi, 1991, pp.14-15.

(4) R. Zon and W. N. Sparhawk, *The Forest Resource of the World*, 2 vols., New York, 1923.

(5) *Ibid.*, pp.68-73.

(6) M. Williams, *op. cit.*, p.395.

(7) 'Cause and Effect of the Gradual Disappearance of Forests on the Earth's Surface', *Indian Forester*, 34, 1908, pp.600-604.

(8) V. K. Saberwal, 'Science and the Desiccationist Discourse', pp.322-328.

(9) International Union of Forest Research Organizations, *Forest Bibliography,* Oxford, 1936, p.iv.

(10) Plant Science Library, University of Oxford, International Union of Forest Research Organizations, Proceedings of the Congress at Stockholm in 1929, p.704.

(11) Ibid., pp.59-63.

(12) International Union of Forest Research Organizations, *Forest Bibliography,* p.vi.

(13) Proceedings of the Congress at Stockholm in 1929, pp.599-628.

(14) Resolution, 9a, Ibid., p.789.

(15) Ibid., pp.13-16.

(16) International Union of Forest Research Organizations, *Congrès de Nancy, 1932, Proceedings,* Nancy, 1933, pp.885-892.

(17) *Ibid.,* pp.xvii-xxii.

(18) J. D. Kennedy, 'Forests and Forest Research in Nigeria' *Ibid.,* p.62.

(19) M. de Peyerimhoff, 'Tendencies of Forestry Research Work in North Africa' *Ibid.,* pp.103-104.

(20) A. H. Unwin, 'Counter-Erosion Measures in Cyprus with Dry Stone Walls' *Ibid.,* pp.570-578.

(21) K. W. Woodward, 'The Factors of Forest Yield' *Ibid.,* pp.406-407.

(22) Plant Science Library, University of Oxford, Summary of the Minutes Taken at the 5th Annual Meeting of The Executive Committee of the International Union of Forest Research Organizations, 1935, p.20.

(23) W. H. Guillebaud, 'The Recent Forestry Congress in Hungary : The Ninth Congress of the International Union of Forest Research Organizations', *Empire Forestry Journal,* 15, 1936, p.224.

(24) 'World Forestry Congress', *Empire Forestry Journal,* 4, 1925, p.8.

(25) F. Story, 'The Second International Forestry Congress' *Empire Forestry Journal,* 15, 1936, pp.226-227.

(26) Plant Science Library, University of Oxford, International Union of Forest Research Organizations, Congress of Nancy, 1932,

Recommendation of the Section Submitted for Approval of the Plenary Session, p.1 ; *Congrès de Nancy, 1932, Proceedings,* p.832.

(27) 'World Forestry Congress', *Empire Forestry Journal,* 5, 1926, p.187.

(28) W. H. Guillebaud, op. cit., p.224.

(29) 『インディアン・エンジニアリング(*Indian Engineering*)』も、森林が土壌浸食や洪水の抑止に及ぼす影響について取り上げることが多くなり、土木事業局と森林局との協力体制の確立に前向きな論調が顕著になった。

(30) D. Thomas and N. Middleton, *Desertification : Exploring the Myth,* Chichester, 1994, pp.21-22.

(31) H. Chapman, 'Influence of Overgrazing on Erosion and Watersheds', *Civil Engineering,* 3, 1933, pp.74-78 ; W. Beinart, 'Soil Erosion, Conservatism and Ideas about Development' ; D. Anderson, op. cit.,

(32) E. A. Garland, op. cit., pp.11-12.

(33) 例えば、C. F. Talman, 'Drought on a Wet Planet', *Indian Forester,* 61, 1935, pp.281-287 ; C. G. Trevor, 'Disforestation', *Indian Forester,* 62, 1936, pp.374-375 ; R. M. Gorrie, 'Protection Forests as a Means of Preventing Desiccation', *Indian Forester,* 61, 1935, pp.770-776 ; 'Denudation and Drifting Sand', *Indian Forester,* 61, 1935, pp.790-791 ; 'Soil Drift in Adelaide', *Indian Forester*, 62, 1936, p.34 を参照。

(34) D. D. Saigal, 'Forests and their Effects on Natural Phenomena', *Indian Forester,* 61, 1935, pp.619-620 ; W. Warren, 'Effect of Forests on Erosion, Floods, Climate and Rainfall, and on Irrigation Experiments', *Indian Forester,* 62, 1936, pp.414-417 ; R. M. Gorrie, 'Possibilities from Irrigation of Dry Type Hill Forests', *Indian Forester,* 61, 1935, pp.512-519 ; id., 'The Causes of Floods in the Punjab', *Indian Forester,* 63, 1937, pp.119-122 ; id., 'Erosion Survey of the Uhl Valley', *Indian Forester,* 63, 1937, pp.218-222 ; id., 'Reclamation in the Pabbi Hills, Gujrat District, Punjab', *Indian Forester,* 63, 1937, pp.285-296 ; id., 'Afforestation for Villages in the Punjab', *Indian Forester,* 63 1937, pp.712-717 ; id., 'The Measurement of Soil Erosion and Run-Off : An Attempt and Some Results' *Indian Forester,* 63, 1937, pp.839-846 ; id., 'Stone Bunds in Erosion Control' *Indian Forester*, 64, 1938, pp.149-151.

(35) 'Forests, Climate, Erosion, and Inundations', *Nature,* 4 April 1931.

(36) Ibid.

(37) D. D. Saigal, 'Report of the Punjab Erosion Committee', *Indian Forester,* 59, 1933, pp.802-805 ; R. M. Gorrie, 'Punjab Erosion Conference', *Indian Forester,* 62, 1936, pp.473-476.

(38) 'Erosion in the Punjab Himalaya', *Indian Forester,* 56, 1930, pp.530-532 ; L. B. Holland and H. M. Glover, 'Erosion in the Punjab Himalaya and its Probable Effect on Water Supply', *Indian Forester,* 57, 1931, pp.8-20 ; R. M. Gorie, 'The Conservation of Punjab Water Supplies', *Indian Forester,* 64 1938, pp.675-687.

(39) インドの土木工学専門家は、アメリカに比べ、森林破壊と土壌浸食、保水力の低下との関連性を肯定的に評価する傾向にあった。

(40) H. M. Glover, 'Nullius in Verba, or Erosion in the Hoshiarpur Siwaliks' *Indian Forester,* 60, 1934, pp.324-334 ; J. Singh, 'Erosion in Kanawar, Upper Sultan Valley', *Indian Forester,* 60, 1934, pp.410-415 ; A. Hamilton, 'Siwalik Erosion', *Indian Forester* 62, 1936, pp.375-387.

(41) 'Forest and River Control', *Indian Forester*, 59, 1933, pp.267-270 ; 'Assessing Erosion Losses', *Indian Forester*, 59, 1933, pp. 699-707.

(42) C. G. Trevor, 'Disforestation', *Indian Forester,* 62, 1936, pp.374-375.

(43) Report of the Committee on Forests in Relation to Climate, Water Conservation and Erosion, Appendix III, *Forth British Empire Forestry Conference, South Africa, 1935, Summary Report, Resolutions and Reports of Committees,* Pretoria, 1935, p.30.

(44) E. A. Smythies, 'Soil Erosion Problems in India', *Indian Forester*, 63, 1938, pp.704-708.

(45) E. P. Stebbing, *The Forests of West Africa and the Sahara : A Study of Modern Conditions,* London, 1937 ; id., 'The Threat of the Sahara', *Journal of Royal African Society, Extra Supplement,* 36, 1937 ; id., 'The Man-Made Desert in Africa', *Journal of Royal African Society, Supplement,* 37, 1938.

(46) W. C. Lowdermilk, 'Civilization and Soil Erosion', *Journal of Forestry,* 33, 1935, pp.554-560.

(47) Ibid., p.555.

(48) Ibid., p.557.

(49) G. V. Jacks and R. O. Whyte, *The Rape of the Earth : A World of Survey of Soil Erosion*, London, 1939.

(50) 高名な生態学者フレデリック・クレメンツの弟子で、ネブラスカ大学で教鞭をとった。

(51) P. B. Sears, *Deserts on the March*, Norman, 1935.

(52) G. P. Marsh, *Man and Nature : or Physical Geology as Modified by Human Action*, New York, 1864. マーシュは、一八四九年から一八五三年までトルコでアメリカ公使を務め、その後一八六一年から亡くなる一八八二年までイタリアでアメリカ大使を務めた。

(53) M. Williams, *op. cit.*, pp.385-386.

(54) J. Singh, 'Erosion in Kanawar, Upper Sutlej Valley', *Indian Forester*, 60, 1934, pp.410-415 ; A. P. F. Hamilton, 'Siwalik Erosion', *Indian Forester*, 62, 1936, pp.375-387.

(55) J. Fairhead and M. Leach, *Misreading the African Landscape : Society and Ecology in a Forest-Savanna Mosaic*, Cambridge, 1996.

(56) G. V. Jacks and R. O. Whyte, *op. cit.*, p.249.

第七章

(1) 例えば、D. Thomas and N. Middleton, *op. cit.* ; A. Mather, *Global Forest Resources*, London, 1990(熊崎実訳『世界の森林資源』築地書館、一九九二年)第七章 ; R. Grove, *Ecology, Climate and Empire*, p.36を参照。

(2) 池谷和信編『地球環境問題の人類学——自然資源へのヒューマンインパクト』世界思想社、二〇〇三年、門村浩他、前掲書。

(3) R・グハが「貧者の環境保護主義」と呼ぶ「南」の環境保護主義については、R. Guha, *Environmentalism : A Global History* や R. Guha and J. Martinez-Alier, *Varieties of Environmentalism* を参照。

(4) ケニアで一九七七年から草の根レベルの植林運動「グリーンベルト運動」を始めたワンガリ・マータイが二〇〇四年のノーベル平和賞を受賞したことで、今後、国際的な評価が高まるかもしれないと予想される。

巻末付録

帝国林学会議の代表リスト

（第一回～第四回）

第１回帝国林学会議（1920年・ロンドン）の代表リスト

代表地	名前	所属・役職
イギリス	ロヴァット卿 F・D・アクランド R・L・ロビンソン W・シュリッヒ ほか　合計７名	森林委員会委員長 森林委員会 森林委員会 前オクスフォード大学林学カレッジ学長
カナダ	E・H・フィンリーソン R・ブラック M・A・グレインジャー A・ベダール ほか　合計７名	内務省森林局 カナダ林学協会理事 ブリティッシュ・コロンビア森林局 ケベック森林局主任森林管理官
ニューファンドランド	M・M・ビートン D・J・デイヴィス	ニューファンドランド開発会社 農務局
オーストラリア	C・E・レーン＝プール H・R・マッカイ P・マクブライド J・M・ハンター ほか　合計７名	森林局 森林委員会 ヴィクトリア州代表 クイーンズランド州代表
ニュージーランド	T・マッケンジー	高等弁務官
南アフリカ	C・E・レガート	森林局主任森林管理官
インド	A・J・ギブソン W・F・ペリー R・S・トループ ほか　合計５名	森林局 帝国森林研究所所長 前インド森林管理官
セイロン	J・D・サージェント	森林局
マレー	G・E・キュービット	森林局
ニアサランド	J・パーブズ	森林局主任森林管理官
ケニア	E・バティスクーム	森林局
ウガンダ	R・ファイフ	森林局主任森林管理官
タンガニイカ	D・K・S・グラント	森林局
ゴールドコースト	N・C・マクラウド	森林局
ナイジェリア	H・M・トンプソン	森林局
シエラレオネ	L・ポールフリーマン	森林局
エジプト・スーダン	W・A・デイヴィー R・E・フィッシャー	スーダン農務局 スーダン農務局
トリニダード	C・S・ロジャーズ	森林局
	W・D・エリス	植民地省

出典：*British Empire Forestry Conference, London, 1920 : Proceedings, Resolutions and Summary of Statements*, London, 1921より作成.

第２回帝国林学会議（1923年・カナダ）の代表リスト

代表地	名前	所属・役職
イギリス	ロヴァット卿 A･W･ボースウィック R・L・ロビンソン F・ストーリー J・W・マンロー G・L・コートープ R・S・トループ J・カルダー	森林委員会委員長 森林委員会 森林委員会 森林委員会 森林委員会 帝国林学協会会長 帝国林学研究所所長 不明
アイルランド	A・C・フォーブズ	農務局森林部門
カナダ	E･H･フィンリーソン D・R・キャメロン P・Z・ケイバーヒル G・H・プリンス J・A・ナイト E・J・ザビッツ G・C・ピシェ	森林局長官代理 森林局 ブリティッシュ・コロンビア森林局 ニューブランズウィック森林局主任森林管理官 森林・鳥獣管理官 オンタリオ森林局 ケベック森林局主任森林管理官
オーストラリア	O・ジョーンズ	森林委員会委員長
ニュージーランド	L・M・エリス	政府所有林長官
南アフリカ	C・E・レガート W・S・ジョンストン	森林局主任森林管理官 商業会議所
インド	W・A・ロバートソン C・G・トレヴァー	森林局 森林局
セイロン	R・M・ホワイト	森林局
マレー	G・E・キュービット	森林局
ケニア	E・バティスクーム	森林局
ナイジェリア	J・R・エーンズリー	森林局上級森林管理官
英領ギアナ	L･S･ホーエンカーク	森林管理官
	R・D・ファース	植民地省

〔名誉代表者〕

A・ベダール	ケベック森林局主任森林管理官補佐、ラヴァル林学校
R・ブラック	カナダ林学協会理事
M・A・グレインジャー	カナダ森林土木技師協会会長
C・D・ハウ	トロント大学林学部学部長　ほか11名

＊以上の公式代表者の他に37名が参加した。

出典：*Second British Empire Forestry Conference, Proceedings and Resolutions, Ottawa, 1927*より作成.

第3回帝国林学会議（1928年・オーストラリア・ニュージーランド）の代表リスト

代表地	名前	所属・役職
イギリス	クリントン卿 R・L・ロビンソン W・ファース R・S・トループ ほか　合計6名	森林委員会委員長 森林委員会 帝国協会理事 帝国林学研究所所長
アイルランド	A・C・フォーブズ	森林局長官
カナダ	E・H・フィンリーソン D・R・キャメロン E・J・ザビッツ P・Z・ケイバーヒル ほか　合計5名	森林局長官 森林局副長官 オンタリオ森林局副長官 ブリティッシュ・コロンビア森林局主任森林管理官
オーストラリア	N・R・ハウズ C・E・レーン＝プール A・ルール N・W・ジョリー ほか　合計27名	内務大臣 森林局長官 オーストラリア林学校講師 森林委員会
ニュージーランド	O・J・ホーケン E・P・ターナー A・ハンソン H・H・コーバン ほか　合計16名	政府所有林長官 森林局長官 森林局主任森林管理官 オークランド大学林学校教授
南アフリカ	C・E・レガート	森林局主任森林管理官
インド	P・H・クラターバック C・G・トレヴァー R・D・リッチモンド C・C・ウィルソン ほか　合計9名	前インド森林局長官・帝国林学協会会長 帝国森林研究所副所長 森林局主任森林管理官 森林局
セイロン	A・B・ラッシントン	森林局
マレー	G・E・キュービット	森林局
英領北ボルネオ	H・G・キース	森林局
フィジー	I・マコーウェン	不明
ケニア	H・M・ガードナー	森林局
タンガニイカ	D・K・S・グラント	森林局
ゴールドコースト	J・R・P・ジェント	森林局
ナイジェリア	J・バニー	森林局上級森林管理官
キプロス	A・H・アンウィン	森林局長
	R・D・ファース	植民地省

＊以上の公式代表者の他に23名が参加した。

出典：*Empire Forestry Conference, Australia and New Zealand, 1928 : Summary Report, Resolutions and Reports of Committees,* Canberra, 1928より作成.

第4回帝国林学会議（1935年・南アフリカ）の代表リスト

代表地	名前	所属・役職
イギリス	R・L・ロビンソン R・S・トループ W・H・ギユボー C・E・レガート ほか　合計7名	森林委員会委員長 帝国林学研究所所長 森林委員会主任研究員 帝国林学協会
カナダ	E・H・フィンリーソン T・A・マケラニー P・Z・ケイバーヒル W・C・ケイン ほか　合計7名	森林局長官 森林局森林生産物研究所所長 ブリティッシュ・コロンビア森林局主任森林管理官 オンタリオ森林局副長官
オーストラリア	C・E・レーン＝プール I・H・ボアズ L・S・ハドソン A・V・ガルブレイス ほか　合計7名	森林局長官 森林局森林生産物部門主任 森林委員会 森林委員会委員長
南アフリカ	P・R・ヴィルジョン J・D・キート J・J・コッツェ E・J・ニースリング ほか　合計23名	農務・森林大臣 森林局主任森林管理官 森林研究部門主任 ステレンボス大学林学教授
インド	C・G・トレヴァー E・A・ガーランド ほか　合計4名	森林局長官 森林局
マレー	J・N・オリファント	森林局副長官
南ローデシア	E・J・ケリー＝エドワーズ	森林局主任森林管理官
北ローデシア	R・G・ミラー	森林局
ニアサランド	J・B・クレメンツ	森林局
ケニア	H・M・ガードナー	森林局
ウガンダ	N・V・ブラズネット	森林局
タンガニイカ	W・F・バルドック	森林局
ゴールドコースト	H・W・ムーア	森林局
バストランド	R・W・ソーントン	農務長官、高等弁務官顧問
ナイジェリア	J・R・エーンズリー	森林局主任森林管理官
シエラレオネ	D・G・トマス	森林局
モーリシャス	G・N・セール	森林局
キプロス	A・H・アンウィン	森林局
	R・D・ファース F・M・オリファント	植民地省 植民地省

出典：*Forth Empire Forestry Conference, South Africa, 1935 : Proceedings and Resolutions*, Pretoria, 1936より作成.

あとがき

私が初めて論文というものを書いたのは、今から一〇年以上も前のことである。その卒業論文のテーマに、ナショナル・トラストによるイギリスの環境保護活動を選んだときには深く考えていなかったが、修士論文を書き終えたあたりから、「環境史」を意識しはじめたように思う。現在の環境問題がどのようにつくりだされてきたのかについて関心が強まるにつれ、イギリス国内から帝国へ目を向けるようになった。当時、環境破壊のグローバル化と帝国との関連については研究があったが、私の問題関心はむしろ、今日のグローバルな環境保護主義がいかに形成されてきたのか、またそれに帝国はどう関わるのかという点にあった。このような手に余る問題を前にして、最初はどのようにアプローチしていくべきか見当もつかなかったが、リチャード・グロウヴの『グリーン・インペリアリズム』に出会ったことで、イギリス帝国における森林保護政策という具体的な切り口を見出すことができた。

近年、植民地の森林管理官が唱えた環境保護主義が現地社会にどのような影響を与えたかを問う研究が続々と刊行されているが、本書で意図したのは、植民地で確立した環境保護主義をグローバルなコンテクストに位置づけることであった。今日の環境保護主義につながる議論が国際社会の中でどのように形成されてきたのか、また、植民地支配のなかで展開した環境保護主義がグローバルな環境保護主義にいかなるインパクトを与えたのかという問題に対して、本書では、現時点での自分の見方を示すよう試みたつもりである。

本書の分析対象は第二次世界大戦までであるが、大戦後から現在までの見通しについてもう一歩踏み込んで論じられなかったことには、自分の力量不足と知りつつも、やはり悔いが残った。二〇世紀前半までに培われたもののなかで、現在までに何が変化し、何が引き継がれているのかを明らかにすることを、今後の課題としていきたいと思う。また、環境史は何を目指すべきかという根本的な問題への答えも保留したままである。環境史が歴史学のなかで何らかの位置を占めるのか、それとも従来の歴史学の枠組みを越えるものになるのかという問いに、今すぐ自分の答えをだすことはできないが、本書を今後の研究の出発点として、こうした問いに答えるべく努力してきたいと思っている。

本書は、二〇〇一年、大阪大学に提出した博士論文「一九世紀後半から二〇世紀前半のイギリス帝国における環境保護主義の成立と普及――植民地インドの林学・森林政策を通して」に加筆・修正をほどこしたものである。また、部分的には以下に挙げる既発表論文をもとにしたが、一冊の本にまとめるにあたって、大幅に改稿した。

「帝国からみる環境の歴史――環境史の新たな潮流」『歴史科学』一六五号、二〇〇一年。
「植民地支配と環境保護主義――英領インドにおける『乾燥化理論』の展開」『文学・芸術・文化(近畿大学文芸学部論集)』一五巻一号、二〇〇三年。
「イギリス帝国林学と環境保護主義――大戦間期における森林保護論の展開を通して」『歴史評論』六五〇号、二〇〇四年。
「イギリス帝国と環境史」秋田茂編『パクス・ブリタニカとイギリス帝国』、ミネルヴァ書房、二〇〇四年。

拙いものではあるが、本書を完成するにあたっては、多くの方々に助けていただいた。誰よりもまず、学部生の頃からご指導いただいている川北稔先生に心よりお礼を申し上げたい。思えば、大阪大学で川北先生に出会うことがなければ、研究者になりたいという淡い願いが強い意志へと変わることはなかっただろう。研究がうまくいっている時もそうでない時も、つねに温かく見守り、ご指導くださった川北先生に、どれほど勇気づけられ、助けていただいたかわからない。本当に言葉では言い尽くせないほどお世話になった。

また、藤川隆男先生には、今までに私が書いた論文のほとんどに目を通していただき、たくさんの示唆や助言をいただいた。藤川先生のアドバイスにより、進むべき方向性を見出せたことが何度あったかしれない。これまでのご指導にあらためて感謝申し上げたい。藤川先生とともに博士論文の副査になっていただいた竹中亨先生の、時に辛口なコメントは、私が研究を続ける上で不可欠のものであった。秋田茂先生には、執筆が遅れがちな私を激励し、博士論文についても重要なご指摘をいただいた。江川溫先生には、いつもユーモアを交えて笑顔で励ましていただいた。厚くお礼申し上げたい。

さらに、脇村孝平先生、大黒俊二先生、寺田匡宏氏、荒武賢一朗氏、瀬戸口明久氏をはじめ、環境史研究会の皆様には、何度も報告を聞いていただき、いつも有益な意見や学問的刺激を与えていただいた。大阪大学イギリス史研究会(上方研)の指昭博先生、山本正先生をはじめ大阪大学西洋史研究室の諸先輩方にも、大学院生時代から多くの貴重な助言をいただいた。イギリス帝国史研究会、イギリス都市生活史研究会の方々にも、たいへんお世話になった。この場を借りて、心から感謝の意を表したい。また、本書の執筆の過程で、いろいろと助けてくれた大阪大学西洋史研究室の大学院生の皆さんにも、深く感謝申し上げる。

一九九八年から二〇〇〇年にランカスター大学大学院に留学した折には、指導教官のジョン・マッケンジー先生(Prof. John M. MacKenzie)にたいへんお世話になった。まがりなりにも論文を提出し、M. Phil. を取得できたのは、先生のご指導のおかげである。心よりお礼申し上げたい。

また、本書を担当してくださった岩波書店の片岡修氏には、細部にいたるまでご配慮いただき、たいへんお世話になった。厚くお礼申し上げたい。

最後に、高校時代までほとんど机に向かうことがなかった私が大学卒業後も研究を続けると言いだして、（おそらく）驚きつつも、つねに応援してくれた両親に、心から感謝する。本当にありがとうございました。

二〇〇六年二月　大阪にて

水野祥子

（付記）本書の後半部分に関する研究については、二〇〇四〜二〇〇五年度科学研究費補助金（若手研究B）の交付を受けた。

■岩波オンデマンドブックス■

イギリス帝国からみる環境史
——インド支配と森林保護

2006年 3月24日　第1刷発行
2006年 9月25日　第3刷発行
2016年 2月10日　オンデマンド版発行

著　者　水野祥子《みずのしょうこ》

発行者　岡本　厚

発行所　株式会社　岩波書店
〒101-8002　東京都千代田区一ツ橋 2-5-5
電話案内　03-5210-4000
http://www.iwanami.co.jp/

印刷／製本・法令印刷

ISBN 978-4-00-730383-8　　Printed in Japan

索　引

さ 行

た　行

な　行

は　行

ま 行

や 行

ら 行

文献目録

未刊行史料

Plant Science Library, University of Oxford

International Union of Forest Research Organizations, Proceedings of the Congress at Stockholm in 1929.

International Union of Forest Research Organizations, Congress of Nancy, 1932.

Summary of the Minutes Taken at the 5th Annual Meeting of the Executive Committee of the International Union of Forest Research Organizations, 1935.

International Institute of Agriculture, Rome, Miscellaneous, BN 1930-47.

Centre International de Sylviculture, Berlin, Miscellaneous, BN 1939-45.

International Union of Forest Research Organizations Library, Vienna

Annual Report of the International Union of Forestry Research Organizations, 1929-1942.

The Files of the IUFRO Congress : Proceedings, Congress Report, 1900-1936.

刊行史料

British Parliamentary Papers

Select Committee on Forestry, Report, 1884-85 (287) viii, 779.

Select Committee on Forestry, Report, 1886 (202-Session I.) ix, 689.

Select Committee on Forestry, Report, 1887 (246) ix, 537.

India, Forest Department

Reports on the Forest Administration in the Several Provinces under the Government of India, Calcutta, 1871-1877.

Review of Forest Administration in the Several Provinces under the Government of India, Calcutta, 1878-1910.

Eardley-Wilmot, S., *Forest Bulletin No. 9, Note on the Influence of Forests on the Storage and Regulation of the Water Supply*, Calcutta, 1906.

Troup, R. S., *Forest Bulletin, No. 22, A Note on the Causes and Effects of the Drought of 1907 and 1908 on the Sal Forests of the United Provinces*, Calcutta, 1913.

Hill, C., *Forest Bulletin No. 33, Note on an Enquiry by the Government of India into the Relation between Forests and Atmospheric and Soil Moisture, in India*, Calcutta, 1916.

Empire Forestry Conference

British Empire Forestry Conference, London, 1920 : Proceedings, Resolutions and

Summary of Statements, London 1921.

Second British Empire Forestry Conference, Proceedings and Resolutions, Ottawa, 1927.

Third Empire Forestry Conference, Australia and New Zealand, 1928 : Proceedings, Canberra, 1928.

Empire Forestry Conference, Australia and New Zealand, 1928 : Summary Report, Resolutions and Reports of Committees, Canberra, 1928.

Stockdale, F. A., *British Empire Forestry Conference, 1935 : Forestry in Relation to Agriculture under Tropical Conditions*, London, 1935.

British Empire Forestry Conference, 1935, Miscellaneous Pamphlets, London, 1935.

Forth British Empire Forestry Conference, South Africa, 1935, Summary Report, Resolutions and Reports of Committees, Pretoria, 1935.

Forth Empire Forestry Conference, South Africa, 1935 : Proceedings and Resolutions, Pretoria, 1936.

International Union of Forest Research Organizations

Congrès de Nancy, 1932, Proceedings, Nancy, 1933.

定期刊行物

Civil Engineering

Empire Forestry Journal

Geographical Review

Indian Engineering

Indian Forester

Indian Meteorological Memoirs

Journal of Forestry

Journal of the Royal African Society

Journal of the Royal Geographical Society

Nature

Quarterly Journal of Forestry

Quarterly Journal of the Royal Meteorological Society

Report of the Meetings of the British Association for the Advancement of Science

South African Journal of Science

Transactions of Scottish Arboricultural Society

同時代出版物

Baden-Powell, B. H., *The Indian Village Community : Examined with Reference to the Physical, Ethnographic, and Historical Conditions of the Provinces ; Chiefly on the Basis the Revenue-Settlement Records and District Manuals*, London,

1896.

Brandis, D., *Report on the Teak Forests of Pegu for 1856*, Calcutta, 1860.

——*Indian Trees : An Account of Trees, Shrubs, Woody Climbers, Bamboos and Palms Indigenous or Commonly Cultivated in the British Indian Empire*, London, 1907.

——*Forestry in India : Origins and Early Developments*, Dehra Dun, first published 1897, reprinted 1994.

Bransnett, N. V., *Management Records : The Maintenance of Histories of Forest Management Units in the British Commonwealth*, Oxford, 1954.

Dehra Dun Forest Research Institute and College, *One Hundred Years of Indian Forestry, 1861-1961*, 2 vols., Delhi, 1961.

The Economic Branch of the Forest Research Institute, Dehra Dun, *The Development of India's Forest Resources*, Calcutta, 1925.

Fernow, B. E., Harrington, M. W. (eds.), *Forest Influences (U.S. Department of Agriculture, Forestry Division, Bulletin No. 7)*, Washington, 1893, reprinted New York, 1977.

Fernow, B. E., *A Brief History of Forestry in Europe, the United States and Other Countries*, Toronto, 1907.

Fisher, W. R., *Schlich's Manual of Forestry*, vol. 4, 5, second edition, London, 1907, 1908.

Forest Research Institute & Colleges, *Forest Research Institute & Colleges*, Dehra Dun, 1954.

Gorrie, R. M., *Land Management in the Punjab Foothills*, Lahore, 1941.

——*Soil and Water Conservation in the Punjab*, Simla, 1946.

Heske, F., *German Forestry*, New Haven, 1938.

International Union of Forest Research Organizations, *Forest Bibliography*, Oxford, 1936.

Jacks, G. V. and Whyte, R. O., *The Rape of the Earth : A World of Survey of Soil Erosion*, London, 1939.

Marsh, G. P., *Man and Nature : or Physical Geology as Modified by Human Action*, New York, 1864.

Ribbentrop, B., *Forestry in British India*, Calcutta, 1900.

Schlich, W., *Schlich's Manual of Forestry*, vol. 1-3, third edition, London, 1906, 1904, 1905.

Sears, P., *Deserts on the March*, Norman, 1935.

Stebbing, E. P., *The Forests of India*, 4 vols., London, 1922, 1923, 1926, 1946.

——*The Forestry Question in Great Britain*, London, 1928.

——*The Forests of West Africa and the Sahara : A Study of Modern Conditions*, London, 1937.

Troup, R. S., *Indian Forest Utilization*, Calcutta, 1907.
——*The Work of the Forest Department in India*, Calcutta, 1917.
——*The Silviculture of Indian Trees*, 3vols., Oxford, 1921.
——*Colonial Forest Administration*, Oxford, 1940.
——*Silvicultural Systems*, Oxford, 1952.
Unwin, A. H., *A Short Description of the Forests of Cyprus*, Nicosia, 1925.
Voelcker, J., *Report on the Improvement of Indian Agriculture*, London, 1893.
Worthington, E. B., *Science in Africa : A Review of Scientific Research Relating to Tropical and Southern Africa*, London, 1938.
Zon, R. and Sparhawk, W. N., *The Forest Resource of the World*, 2 vols., New York, 1923.

二次文献

研究書

Adas, M., *Machines as the Measures of Men : Science, Technology and Ideologies of Western Dominance*, London, 1989.
Arnold, D. (ed.), *Imperial Medicine and Indigenous Societies*, Manchester, 1988.
——*The Problem of Nature : Environment, Culture and European Expansion*, Oxford, 1996.（飯島昇藏・川島耕司訳『環境と人間の歴史——自然，文化，ヨーロッパの世界的拡張』新評論，1999 年）
Arnold, D., and Guha, R. (eds.), *Nature, Culture, Imperialism : Essays on the Environmental History of South Asia*, Oxford, 1995.
Baber, Z., *The Science of Empire : Scientific Knowledge, Civilization and Colonial Rule in India*, Oxford, 1998.
Barton, G. A., *Empire Forestry and the Origins of Environmentalism*, Cambridge, 2002.
Beinart, W. and Coates, P., *Environment and History : The Taming of Nature in the USA and South Africa*, London, 1995.
Beinart, W. and McGregor, J. (eds.), *Social History and African Environments*, Oxford, 2003.
Bell, M., Butlin, R. and Heffernan, M. (eds.), *Geography and Imperialism 1820-1940*, Manchester, 1995.
Biswas, S., *Forest Administration in India*, Allahabad, 1988.
Brouard, N. R., *A History of Woods and Forests in Mauritius*, Port Louis, 1963.
Cameron, J. G. P., *A Short History of the Royal Indian Engineering College, Cooper's Hill*, Richmond, 1960.
Brown, J. and Louis, W. R. (eds.), *The Oxford History of the British Empire, vol. IV., The Twentieth Century*, Oxford, 1999.
Cain, P. J. and Hopkins, A. G., *British Imperialism : Crisis and Deconstruction 1914*

-1990, London, 1993.（木畑洋一・旦祐介訳『ジェントルマン資本主義の帝国 II――危機と解体 1914-1990』 名古屋大学出版会，1997 年）

Carron, L. T., *A History of Forestry in Australia*, Rushcutters Bay, 1985.

Crawford, E., *Nationalism and Internationalism in Science, 1880-1939 : Four Studies of the Nobel Population*, Cambridge, 1992.

Crosby, A., *Ecological Imperialism : the Biological Expansion of Europe, 900-1900*, Cambridge, 1986.（佐々木昭夫訳『ヨーロッパ帝国主義の謎――エコロジーから見た 10～20 世紀』岩波書店，1998 年）

Desai, V., *Issues in Agriculture and Forestry*, Bombay, 1984.

――*Forest Management in India : Issues and Problems*, Bombay, 1991.

Dovers, S. (ed.), *Australian Environmental History : Essays and Cases*, Melbourne, 1994.

Dovers, S. and Edgecombe, R. (eds.), *South Africa's Environmental History Cases & Comparisons*, Cape Town, 2002.

Dunlap, T., *Nature and the English Diaspora : Environment and History in the United States, Canada, Australia and New Zealand*, Cambridge, 1999.

Fairhead, J. and Leach, M., *Misreading the African Landscape : Society and Ecology in a Forest-Savanna Mosaic*, Cambridge, 1996.

Gadgil, M. and Guha, R., *This Fissured Land : An Ecological History of India*, Berkeley, 1992.

Gascoigne, J., *Science in the Service of Empire : Joseph Banks, the British State and the Use of Science in the Age of Revolution*, Cambridge, 1998.

Griffiths, T. and Robin L., (eds.), *Ecology and Empire : Environmental History of Settler Societies*, Edinburgh, 1997.

Grove, R., *Green Imperialism : Colonial Expansion, Tropical Island Edens and the Origins of Environmentalism, 1600-1860*, Cambridge, 1995.

――*Ecology, Climate and Empire ; Colonialism and Global Environmental History 1400-1940*, Cambridge, 1997.

Grove, R., Damodaran, V. and Sangwan, S. (eds.), *Nature and the Orient : the Environmental History of South and Southeast Asia*, Oxford, 1998.

Guha, R., *The Unquiet Woods : Ecological Change and Peasant Resistance in the Himalaya*, Berkeley, 1990.

――*Environmentalism : A Global History*, New York, 2000.

Guha, R. and Martinez-Alier, J., *Varieties of Environmentalism : Essays North and South*, London, 1997.

Guha, S., *Environment and Ethnicity in India, 1200-1991*, Cambridge, 1996.

Harrison, N. and Bryner, G., *Science and Politics in the International Environment*, New York, 2004.

Headrick, D. R., *The Tools of Empire : Technology and European Imperialism in the*

Nineteenth Century, Oxford, 1981.（原田勝正・多田博一・老川慶喜訳『帝国の手先――ヨーロッパ膨張と技術』日本経済評論社，1989 年）

James, N. D. G., *A History of English Forestry*, Oxford, 1981.

Kumar, D. (ed.), *Science and Empire : Essays in Indian Context (1700–1947)*, Delhi, 1991.

Lemaine, G. (ed.), *Perspectives on the Emergence of Scientific Disciplines*, Chicago, 1976.

MacKenzie, J. M., *The Empire of Nature : Hunting, Conservation and British Imperialism*, Manchester, 1988.

――(ed.), *Imperialism and the Natural World*, Manchester, 1990.

――*Empires of Nature and the Nature of Empires : Imperialism, Scotland and the Environment*, East Lothian, 1997.

MacLeod, R. and Collins, P. (eds.), *The Parliament of Science : The British Association for the Advancement of Science 1831–1981*, Northwood, 1981.

MacLeod, R. and Lewis, M. (eds.), *Disease, Medicine, and Empire : Perspectives on Western Medicine and the Experience of European Expansion*, London, 1988.

Mather, A., *Global Forest Resources*, London, 1990.（熊崎実訳『世界の森林資源』築地書館，1992 年）

McCracken, D., *Gardens of Empire : Botanical Institutions of the Victorian British Empire*, London, 1997.

McNeill, J., *Something New under the Sun : An Environmental History of the Twentieth-Century World*, New York, 2001.

Nash, R., *Wilderness and the American Mind*, New Haven, 1967.

O'Brian, P., *Joseph Banks, A Life*, London, 1987.

Osborne, M., *Nature, The Exotic, and The Science of French Colonialism*, Bloomington, 1994.

Pomeranz, K., *The Great Divergence : China, Europe and the Making of the Modern World Economy*, Princeton, 2000.

Poole, A. L., *Forestry in New Zealand : The Shaping of Policy,* Auckland, 1969.

Pyenson, L., *Cultural Imperialism and Exact Sciences : German Expansion Overseas 1900–1930*, New York, 1985.

――*Civilizing Mission : Exact Sciences and French Overseas Expansion, 1830–1940*, Baltimore, 1993.

Rawat, A. S. (ed.), *History of Forestry in India*, New Delhi, 1991.

Richards, J. and Tucker, R. (eds.), *Global Deforestation and the Nineteenth World Economy*, Durham, 1983.

――*World Deforestation in the Twenties Century*, Durham, 1988.

Saberwal, V., *Pastoral Politics : Shepherds, Bureaucrats, and Conservation in the Western Himalaya*, Delhi, 1999.

Shepherd, W. and Cook, W., *The Botanic Garden, Wellington : A New Zealand History, 1840-1987*, Wellington, 1988.
Sivaramakrishnan, K., *Modern Forests : Statemaking and Environmental Change in Colonial Eastern India*, Stanford, 1999.
Skaria, A., *Hybrid Histories : Forests, Frontiers and Wilderness in Western India*, Delhi, 1999.
Thomas, K., *Man and the Natural World : Changing Attitudes in England, 1500-1800*, London, 1984.（山内昶監訳『人間と自然界――近代イギリスにおける自然観の変遷』法政大学出版局，1989年）
Thomas, D. and Middleton, N., *Desertification : Exploring the Myth*, Chichester, 1994.
Williams, M., *Deforesting the Earth : From Prehistory to Global Crisis*, Chicago, 2002.
Woster, D., *American Environmentalism : The Formative Period, 1860-1915*, New York, 1973.
——*Nature's Economy : the Roots of Ecology*, San Francisco, 1977.
Worster, D., (ed.), *The Ends of the Earth : Perspectives on Modern Environmental History*, Cambridge, 1988.
Westoby, J., *Introduction to World Forestry : People and their Trees*, Oxford, 1989.（熊崎実訳『森と人間の歴史』築地書館，1990年）
Whitcombe, E., *Agrarian Conditions in Northern India*, 2vols., Berkeley, 1972.
池谷和信編『地球環境問題の人類学――自然資源へのヒューマンインパクト』世界思想社，2003年.
石弘之・樺山紘一他編『環境と歴史（ライブラリ相関社会科学 6）』新世社，1999年.
門村浩他著『環境変動と地球砂漠化』朝倉書店，1991年.
辛島昇編『新版 世界各国史 7 南アジア史』山川出版社，2004年.
多田博一『インドの大地と水』日本経済評論社，1992年.
本田毅彦『インド植民地官僚――大英帝国の超エリートたち』講談社選書メチエ，2001年.
脇村孝平『飢饉・疾病・植民地統治――開発の中の英領インド』名古屋大学出版会，2002年.

論文

Adas, M., 'A Field Matures : Technology, Science, and Western Colonialism', *Technology and Culture*, 38, 1997.
Agrawal, A., 'State Formation in Community Space? Decentralization of Control over Forests in the Kumaon Himalaya, India', *The Journal of Asian Studies*, 60, 2001.
Anderson, D., 'Depression, Dustbowl, Demography and Drought : The Colonial State and Soil Conservation in East Africa during the 1930s', *African Affairs*, 83,

1984.

Baumann, P. C., 'Historical Evidence on the Incidence and Role of Common Property Regimes in the Indian Himalayas', *Environment and History*, 3, 1997.

Beinart, W., 'Soil Erosion, Conservatism and Ideas about Development : A Southern African Exploitation, 1900-1960', *Journal of Southern African Studies*, 11, 1984.

——'African History and Environmental History', *African Affairs*, 99, 2000.

Bell, M., 'Reshaping Boundaries : International Ethics and Environmental Consciousness in the Early Twentieth Century', *Transaction of the Institution of British Geography*, NS23, 1998.

Brown, E. R., 'Public Health and Imperialism in Early Rockefeller Programs at Home and Abroad', *American Journal of Public Health*, 66, 1976.

Bryant, R. L., 'Romancing Colonial Forestry : The Discourse of "Forestry as Progress" in British Burma', *The Geographical Journal*, 162, 1996.

——'Fighting over the Forests : Political Reform, Peasant Resistance and the Transformation of Forest Management in the Late Colonial Burma', *Journal of Commonwealth and Comparative Politics*, 32, 1994.

Cleaver, H., 'Malaria and the Political Economy of Public Health', *International Journal of Health Services*, 7, 1977.

Cronon, W., 'The Use of Environmental History', *Environmental History Review*, 17, 1993.

Dangwal, D. D., 'State, Forests and Graziers in the Hills of Uttar Pradesh : Impact of Colonial Forestry on Peasants, Gujars and Bhotiyas', *The Indian Economic and Social History Review*, 34, 1997.

Fisher, D., 'Rockefeller Philanthropy and the British Empire : The Creation of the London School of Hygiene and Tropical Medicine', *History of Education*, 7, 1978.

Gilmartin, D., 'Scientific Empire and Imperial Science : Colonialism and Irrigation Technology in the Indus Basin', *The Journal of Asian Studies*, 53, 1994.

Gizycki, R. von, 'Centre and Periphery in the International Scientific Community : Germany, France and Great Britain in the 19th Century', *Minerva*, 11, 1973.

Haeuber, R., 'Indian Forestry Policy in Two Eras : Continuity or Change?', *Environmental History Review*, 17, 1993.

Hughes, J. D., 'Global Dimensions of Environmental History', *Pacific Historical Review*, 70, 2001

Kirchberger, U., 'German Scientists in the Indian Forest Service : A German Contribution to the Raj?', *The Journal of Imperial and Commonwealth History*, 29, 2001.

Kumar, D., 'Patterns of Colonial Science in India', *Indian Journal of History of Science*, 15, 1980.

MacLeod, R., 'On Visiting the Moving Metropolis : Reflections on the Architecture of

Imperial Science', *Historical Records of Australian Science*, 5, 1982.
Mann, M., 'Ecological Changes in North India : Deforestation and Agrarian Distress in the Ganga-Jamna Doab, 1800-1850', *Environment and History*, 1, 1995.
Mantel, K., 'History of the International Science of Forestry with Special Consideration of Central Europe', *International Review of Forestry Research*, 1, 1964.
March, E. W., 'Coopers Hill', *Commonwealth Forestry Review*, 50, 1971.
McCann, J., 'Climate and Causation in African History', *The International Journal of African Historical Studies*, 32, 1999.
McManus, P., 'Histories of Forestry : Ideas, Networks and Sciences', *Environment and History*, 5 1999.
Nicolson, M., 'Alexander von Humboldt, Humboldtian Science and the Origins of the Study of Vegetation', *History of Science*, 25, 1987.
Palladino, P. and Worboys, M., 'Science and Imperialism', *Isis*, 84, 1993.
Philip, K., 'Imperial Science Rescue a Tree : Global Botanic Networks, Local Knowledge and the Transcontinental Transplantation of Cinchona', *Environment and History*, 1, 1995.
Philip, S. T., 'Lessons from the Dust Bowl : Dryland Agriculture and Soil Erosion in the United States and South Africa, 1900-1950', *Environmental History*, 4, 1999.
Pincetl, S., 'Some Origins of French Environmentalism ; An Explanation', *Forest and Conservation History*, 37, 1993.
Rangarajan, M., 'Imperial Agendas and India's Forests : The Early History of Indian Forestry, 1800-1878', *The Indian Economic and Social History Review*, 31, 1994.
——'Environmental Histories of South Asia : A Review Essay', *Environment and History*, 2, 1996.
Ranlett, J., 'Checking Nature's Desecration : Late Victorian Environmental Organization', *Victorian Studies*, 26, 1983.
Saberwal, V. K., 'Bureaucratic Agendas and Conservation Policy in Himachal Pradesh, 1885-1994', *The Indian Economic and Social History Review*, 34, 1997.
——'Science and the Desiccationist Discourse of the 20th Century', *Environment and History*, 4, 1997.
Saldanha, I., 'Colonialism and Professionalism : A German Forester in India', *Environment and History*, 2, 1996.
Sangwan, S., 'Reordering the Earth : The Emergence of Geology as a Scientific Discipline in Colonial India', *The Indian Economic and Social History Review*, 31, 1994.
——'The Strength of a Scientific Culture : Interpreting Disorder in Colonial Science', *The Indian Economic and Social History Review*, 34, 1997.
——'Making of a Popular Debate : The Indian Forester and the Emerging Agendas of

State Forestry in India, 1875–1904', *The Indian Economic and Social History Review*, 36, 1999.

Saravanan, V., 'Commercialisation of Forests, Environmental Negligence and Alienation of Tribal Rights in Madras Presidency : 1792–1882', *The Indian Economic and Social History Review*, 35, 1998.

Schmaltz, N. J., 'Forest Researcher, Raphael Zon', *Journal of Forest History*, 24, 1980.

Sinha, S., Gururani, S. and Greenberg, B., 'The "New Traditionalist" Discourse of Indian Environmentalism', *Journal of Peasant Studies*, 24, 1997.

Sivaramakrishnan, K., 'The Politics of Fire and Forest Regeneration in Colonial Bengal', *Environment and History*, 2, 1996.

川北稔「自然環境と歴史学——トータル・ヒストリを求めて」『岩波講座世界歴史 1』岩波書店, 1998 年.

柳澤悠「インドの環境問題の研究状況」長崎暢子編『現代南アジア 1　地域研究への招待』東京大学出版会, 2002 年.

吉住知文「森林保全か放牧権か：植民地期の西ヒマラヤの放畜をめぐって」篠田隆・中里亜夫編『南アジアの家畜と環境』, 文部科学省科学研究費・特別領域研究(A), 2001 年.

——「植民地期インドの森林政策と住民生活」柳澤悠編『現代南アジア 4　開発と環境』東京大学出版会, 2002 年.

脇村孝平「グローバル・ヒストリーと『環境』」社会経済史学会創立七〇周年記念『社会経済史学の課題と展望』有斐閣, 2002 年.

E・ヴァイグル「森と気象——19 世紀に生まれた一つの神話」『思想』967 号, 2004 年.

未刊行論文

Grove, R. H., 'Conservation and Colonial Expansion : A Study of the Evolution of Environmental Attitudes and Conservation Policies on St. Helena, Mauritius and India, 1660–1860', unpublished Ph. D. thesis, University of Cambridge, 1988.

Philip, K. S., 'The Role of Science in Colonial Discourses and Practices of Modernity : Anthropology, Forestry and the Construction of "Nature's" Resources in Madras Forests 1858–1930', unpublished Ph.D. thesis, Cornell University, 1996.

Rajan, R., 'Imperial Environmentalism : the Agendas and Ideologies of Natural Resource Management in British Colonial Forestry, 1800–1950', unpublished Ph. D. thesis, University of Oxford, 1994.

吉住知文「イギリス支配下におけるインドの森林経営——営林の商業化と森林破壊」埼玉大学大学院経済科学研究科修士論文, 1997 年.